귀찮아,
법 없이 살면 안 될까?

귀찮아, 법 없이 살면 안 될까?

곽한영 글 신병근 그림

나무를 심는 사람들

여러분은
법 없이도 살 사람인가요?

혹시 어른들이 '어이구, 저 사람은 법 없이도 살 사람이야'라고 말씀하시는 걸 들어 본 적이 있나요? 대개 우리말에서 '법 없이도 살 사람'이란 표현은 무척 행실이 올바르고 착해서 다른 사람에게 절대로 피해를 주지 않을 것 같은 사람을 칭찬하는 의미로 사용됩니다. 그런데 이 말을 뒤집어 보면 '법이 있어야 살 수 있는' 나머지 평범한 사람들은 마치 법으로 규제를 받지 않으면 자기 욕심만 부리다가 무언가 나쁜 짓을 할 사람이라는 의미인 것처럼 들리기도 합니다. 정말 그럴까요?

사람과 사람이 함께 살아간다는 것은 참 복잡하고 어려운 일입니다. 여러분이 학교에 등교하는 아침 시간을 상상해 볼까요? 아침 7시, 어서 자리에서 일어나라고 알람이 울립니다. 시간도 하나의 약속입니다. 지구상에 살아가는 사람들의 생활을 함께 규율하기 위해서 지역의 경도에 따라 시간을 맞추어 놓은 것이지요. 우리나라의 표준시는 동경 135°를 기준으로 하고 있습니다.

졸린 눈을 비비며 세수를 하고 아침 식탁에 앉습니다. 잠깐,

아무 생각 없이 음식을 입안에 넣기 전에 이 음식들이 과연 안전한 것인지 걱정하지 않아도 괜찮은 것일까요? 대부분의 식재료들은 식품 위생법 등 다양한 법의 기준에 따라 안전을 보장받고 있어요. 또 식품 유효 기간과 성분들도 공개하도록 되어 있고요. 여러분은 우유를 따라 마시기 전에 유효 기간을 확인하는 것만으로 안심하고 식사를 할 수 있습니다.

어이쿠 이런, 이러다 지각하겠네요. 빵 한 조각을 입에 물고 가방을 둘러메고 서둘러 달려 나가는 길, 건널목 조심! 이렇게 많은 차들이 쌩쌩 달리는 도로를 마음 놓고 건널 수 있는 것도 신호등과 차선, 도로 교통법과 같은 규칙들이 있기 때문이겠죠?

다행히 버스가 제시간에 도착했네요. 버스의 운행 방법이나 배차 시간도 규칙에 따른 것이겠죠? 교문을 들어서 교실에 도착하니 8시 30분, 오늘도 무사히 하루를 시작할 수 있게 되었습니다. 수업이 시작되는 시간, 끝나는 시간, 수업 시간의 수, 과목과 수업 내용에 이르기까지 학교에서 이루어지는 대부분의 활동들도 결국 법에 관련된 것들입니다. 어때요, 과연 현대 사회에서 '법 없이 산다'는 것이 가능할까요?

법은 사람들이 서로 협력하며 살아가기 위해 반드시 필요한 것입니다. 그러니 '법 없이도 살 사람'이란 따지고 보면 혼자 사는 사람뿐일 것입니다. 심지어 무인도에 살던 로빈슨 크루소도 프라이데이라는 동료를 얻게 되자 여러 가지 약속을 정해야 했습니다.

도로에 그어진 차선이 이 선을 어기면 벌을 주겠다는 것을 목표로 만들어진 것이 아니라 많은 자동차들이 서로 피해를 주지 않고 안전하게 이동할 수 있도록 보호하려고 만들어진 것이듯, 법은 나쁜 사람을 벌하는 것이 근본적인 목적이라기보다 바쁘고 복잡하게 얽힌 사람들의 관계 속에서 서로 피해를 주지 않고 원활하게 도움을 주고받으며 살아갈 수 있도록 만든 약속입니다. 따라서 우리는 법이 무서운 것, 나쁜 것, 어렵고 복잡한 것이라고 외면하기보다는 더 적극적으로 법에 대해 관심을 갖고 법에 따라 판단하고 행동하려고 노력할 필요가 있습니다.

'법 없이도 살 사람'이라는 말에 숨겨진 또 다른 의미는 이 사람이 누구나 공감할 수 있는 상식에 따라 행동하는 사람이라는 것입니다. 그렇게 보자면 '법은 상식이다'라는 말도 가능하겠죠. 사실 법은 누구라도 그 논리와 이유를 알면 이해하고 고개를 끄덕일 수 있는 우리 시대의 상식입니다. 법은 쉽고, 또 심지어 알고 보면 아주 재미있답니다. '에이, 설마… 법이 얼마나 어려운 건데…'라고 고개를 젓는 분들이 있네요. 정말이라니까요. 못 믿겠다면 어서 빨리 페이지를 넘겨 보세요. 법 이야기, 이제 시작합니다!

차례

법
법이란
멀까요?

1장

1

귀찮아, 법 없이 살면 안 될까?

14

법이란 게 참 복잡하고 까다롭고 또 무서운 거잖아요. 그래서 웬만하면 법이 없이 살면 좋을 텐데 왜 어디에나 법이 있고, 점점 더 늘어만 갈까요? 착한 사람들은 줄어들고 나쁜 사람들이 늘어나서 그런 건가요?

재밌는 질문이네요. 먼저 알아 두면 좋은 것은 '법'이 나쁜 사람을 처벌하는 것만을 의미하는 것이 아니라는 점이에요. 법의 개념에 대해서 좀 더 넓게 생각해야 한다는 거죠. 물론 도둑질을 하거나 다른 사람을 때리고 혹은 생명을 빼앗는 범죄를 저지르는 사람을 처벌하는 것도 법의 중요한 역할이지만 보다 크게 보자면 사람들이 함께 살아가기 위해 필요한 모든 규칙들이 법이라고 할 수 있어요.

예를 들어 학교에서 수업을 몇 시에 시작하고 점심을 언제 먹고 어떤 수업을 듣고 어떤 선생님이 가르치시고 반장은 어떻게 뽑고 하는 등의 모든 일들이 미리 정해진 규칙, 약속들을 통해 이루어지잖아요. 물론 '국회에서 국회 의원들이 표결을 통해 통과시켜 만든 법'은 아니지만 학교의 모든 활동들은 각종 교육법에 근거를 두고 이루어지는 것들이고 또 내부에서 자율적으로 정한 규칙들도 일종의 법이라고 할 수 있어요.

다시 말하자면 이런 법들은 다수의 사람들이 함께 살아가려면 어쩔 수 없이 필요한 것이에요. 섬에 표류해서 혼자 살고 있는 로빈슨 크루소가 뭘 하든 아무도 신경 쓰지 않을 테니 그 경우엔

법이 필요하지 않겠죠. 하지만 당장 한 원주민이 표류해 오자 로 빈슨 크루소는 '금요일에 네가 표류해 왔으니 이제부터 네 이름을 프라이데이라고 하자'라고 정했어요. 이것도 일종의 약속이자 규칙으로서 법의 시작이라고 할 수 있는데, 소설 속에서는 그 뒤로 어디에서 자고 어떤 일을 나누어서 하고 서로를 어떻게 대해야 하 는지 등등 온갖 규칙들이 생겨나는 모습이 묘사돼요. 두 사람이 생활을 공유하며 함께 살아가려니 어쩔 수 없는 일인 거죠.

법은 왜 자꾸 늘어날까?

우리는 흔히 아주 착해서 다른 사람들과 아무런 문제도 일으 키지 않고 잘 살아가는 사람을 '법 없이도 살 사람'이라고 해요. 하 지만 거꾸로 생각하면 그 사람이 정말 법 없이 살아가는 사람이라 서가 아니라 온갖 법들을 하나도 어기지 않고 일일이 잘 지키면서 살아가는 사람, 그래서 다들 함께 지내고 싶어 하는 사람이라는 뜻에서 그런 표현이 나온 것이 아닐까요?

이렇게 사회의 구성원이 많아질수록, 사회가 커질수록, 그리 고 무엇보다 구성원 간의 상호 작용이 빈번해질수록 서로의 관계 를 조정할 법의 필요성은 더 커지게 되고 그 결과 법은 더 많아지 고 복잡해질 수밖에 없어요.

예를 들어 전에는 '도둑질'이라고 하면 '다른 사람의 물건을 훔치는 것'이라고 간단하게 설명할 수 있었죠. 지금은 누구나 인터넷을 사용하는 세상이 되니 다른 사람의 게임 아이템을 훔치는 것도 도둑질인지, 아이디와 비밀번호를 해킹하는 것도 도둑질인지, 다른 사람이 쓴 글을 가져다가 자기 블로그에다 올리는 것도 도둑질인지 애매하고 복잡해졌어요. 이런 여러 가지 상황들에 판단을 내리기 위해 법이 늘어날 수밖에 없어진 거죠.

앞으로 교통과 통신의 발달로 사람들 간의 연결이 더 커지고 상호 작용도 훨씬 다양해지게 되면 법 역시 따라서 증가하고 복잡해질 거예요. 벌써부터 머리가 아프다고요? 하지만 그만큼 법 관련 정보에 접근하고 절차를 활용하는 기술이나 경로도 늘어날 테니 너무 걱정하지 않아도 돼요. 이 책도 바로 그런 법에 이르는 여러 가지 길 중 하나랍니다.

2

법과 도덕의 다른 점은?

교과서에 보니까 우리 사회에는 법 말고도 도덕, 종교의 교리 같은 여러 가지 규범이 있다고 써 있어요. 그런데 이게 서로 어떻게 다른 거죠? 좀 자세히 설명해 주세요.

사람들이 맺는 관계가 서로 다르다 보니 각각의 관계를 규율하는 규범도 여러 가지가 있어요. 법은 여러 가지 규범 중에서도 가장 공식적인 형태의 규범이라고 할 수 있어요. 국회를 통해 만들어지는 법률, 정부에 의해 만들어지는 명령처럼 정해진 절차를 따라 만들어지기 때문에 그 내용이 누구나 알 수 있도록 명확할 뿐 아니라 이를 어긴 사람을 제재하는 강제력도 강한 편이죠.

하지만 모든 인간관계를 법으로만 규율할 수는 없지 않겠어요? 어른을 공경해야 한다거나 장애인이나 어린아이 같은 사회적 약자들을 보호해야 한다는 등의 상식적인 내용들은 굳이 법으로 강제하지 않더라도 사회 구성원들의 보이지 않는 합의에 의해 우리 사회 구석구석에 스며들어 있어요. 법은 공식적인 제재가 가해지는 강력한 규범이라서 명확한 사실 관계가 있어야 하는 만큼 밖으로 드러나 보이는 결과를 좀 더 중시해요. 반면에 구성원들의 상식에 가까운 도덕은 결과에 못지않게 그런 행동을 하게 된 동기도 중요하게 여기는 편이죠.

하지만 법이 동기를 전혀 고려하지 않는다고 생각하면 안 돼요. 어떤 범죄를 저질렀을 때 일부러 범죄를 저지르는 사람과 실수로 그런 행동을 한 사람을 분명히 구분해서 처벌의 수준이 달라지거든요. 도덕이 '상식'을 의미하다 보니 마음속에 있는 양심의 문제를 법보다 더 중요하게 여긴다는 정도로 이해하면 될 것 같아요.

흔히 '법은 도덕의 최소한이다'라는 말을 하는데 이 말도 꼭 맞는 말은 아니에요. 이 말대로 하자면 도덕이라는 커다란 원 안에 법이 작은 원으로 포함되어 있는 것처럼 생각되지만 사실 법 중에 절차나 형식을 규정해 놓은 법들은 도덕과 관련이 없는 것들도 있거든요. 그래서 법과 도덕이라는 두 개의 원이 일부분만 겹쳐 있는 모습이 실제 두 규범의 관계에 가까워요.

법과 도덕은 시대와 사회를 반영한다

종교의 교리는 종교 공동체 안에서 통용되는 규칙 같은 거예요. 불교에서 스님들이 어떤 규칙을 지켜야 한다거나 기독교에서 목사님이 되려면 어떤 과정을 거쳐야 한다거나 천주교에서 예배의 절차를 정해 두는 것 등이 다 여기에 해당한다고 할 수 있죠. 해당 종교 공동체 내에서는 중요한 의미를 지니고 있지만 종교 역시 사회의 일부분인 만큼 공동체의 공식적인 규칙인 법에 크게 어긋나는 일들을 강제할 수는 없다는 한계를 가지고 있죠.

하지만 한 가지 주의할 부분은 이 모든 설명들이 결국은 우리가 살고 있는 현재의 사회를 바탕으로 하고 있다는 점이에요. 다른 시대, 다른 사회였다면 규범들 간의 관계는 얼마든지 달라질 수 있어요. 중세 유럽에서는 종교의 규범이 세속의 법보다 훨씬 중요한 의미를 가져서 더 강력한 강제력을 지녔어요. 조선 시대에는 예의의 문제가 법보다 더 중요하다고 해서 '예주법종'(예가 주된 것이고 법은 여기에 종속되는 것이다)이라는 말이 통용되기도 했죠.

우리가 살고 있는 사회가 평등한 권리를 지닌 시민들의 합의에 의해 운영되는 민주 사회이다 보니 시민들의 공식적인 합의 과정을 통해 만들어진 법의 권위가 가장 중요하게 여겨지고 있어요. 법이 이렇게 힘을 얻은 것은 불과 2, 3백 년 사이의 일이니 앞으로 또 어떤 변화가 있을지 모르죠. 여러분은 어떤 규범이 힘을 얻는 사회가 가장 좋다고 생각하나요?

3

법은 돈 많고 힘센 사람의 편일까?

뉴스를 보다 보면 법이 결국 우리 사회에서 힘 있는 사람들이 자기들 편한 대로 사회를 운영하려고 만든 것이라는 생각이 들어요. 가난한 사람들은 별거 아닌 것 가지고도 처벌을 받는데 돈 있는 사람들은 어떻게든 다 빠져나오잖아요. 그렇게 법이 나쁜 것이라면 우리가 굳이 배울 필요가 있을까요?

참 어려운 질문이네요. 일단 법은 앞서 말한 것처럼 많은 사람들이 모여 사는 공동체에서는 빼놓을 수 없는 필수적인 요소이니 법을 만든 의도 자체가 소수의 이익을 위해서라고 보는 것은 과장이 있는 것 같아요. 다만 그렇게 만들어진 제도가 아무래도 사회적으로 영향력을 가진 사람들에게 더 유리하게 작용할 가능성은 있겠죠. 법을 더 잘 알고 있을 뿐 아니라 실제로 제도를 운영하는 역할을 맡은 사람들도 여기에 포함될 테니까요.

저는 이 질문을 좀 다른 각도에서 답해 보고 싶어요. 만약 법이 없다면 보다 평등한 사회가 될까요? 법이 있든 없든 돈이 많고 사회적 영향력이 있는 사람들은 대부분의 사회에서 특권을 누리며 살지 않을까요? 이런 사람들의 입장에서는 법이 오히려 거추장스러운 것일 수 있어요.

예를 들어 오늘날에도 모든 조문이 남아 있는 가장 오래된 법전인 함무라비 법전은 '눈에는 눈, 이에는 이'라는 복수법을 담고 있는 것으로 유명하지만 실은 귀족, 평민, 노예의 세 계급으로 나누어 차별적으로 법을 적용했어요. 이 법전에서는 평민끼리 싸우

다가 상대의 팔을 부러뜨리면 자기 팔도 부러져야 했지만 평민이 노예의 팔을 부러뜨리면 은 한 닢만 주면 됐죠. 지금 우리 입장에서 생각하면 정말 귀족이나 평민에게 유리한 법이었구나 싶겠지만 아마 당시의 귀족이나 평민들은 커다란 불만을 가졌을 거예요. 노예는 자기들의 소유물이니 마음대로 죽여도 되는데 법이 있으니 뼈를 부러뜨린 정도의 문제로도 은 한 닢을 반드시 줘야 하잖아요.

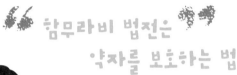

함무라비 법전은 약자를 보호하는 법

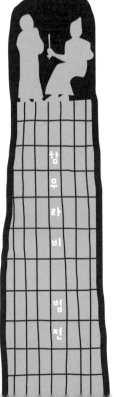

법은 이렇게 사회의 운영이나 통치를 효율적으로 만드는 효과가 있고, 권력을 남용하지 않도록 제한하는 효과도 있어요. 다만 권력의 남용을 막으려면 단순히 법이 있는 것만으로는 부족하겠죠. 만약 우리가 법을 잘 몰라서 힘 있는 사람들이 법을 어겼는지 안 어겼는지 알 수 없다거나, 혹은 법을 어긴 경우에도 '에이 뭐 내 일도 아닌데 그럴 수도 있지' 하고 넘어간다면 법을 잘 알고 힘 있는 사람들이 마음대로 법을 이용할

수 있지 않겠어요?

　　그래서 민주 사회의 주인인 우리는 법에 대해 관심을 가지고 또 스스로 주인이라는 생각으로 꾸준히 참여해야 한답니다. 만약 지금 우리 사회에서 법이 제대로 지켜지지 않고 불평등하게 적용되고 있다는 생각이 든다면, 그럴수록 더욱더 올바른 법을 만들고 정의롭게 적용될 수 있도록 우리가 두 눈을 똑바로 뜨고 주인 된 권리를 행사해야만 해요. 우리가 꼭 법을 배워야 하는 이유, 학교 정규 교과목에 법이 포함되어 있는 이유도 바로 이 때문이라고 할 수 있어요.

4

빵을 훔친
장 발 장을
처벌한 법은 너무
내혹한가?

학교에서 법의 가장 큰 특징은 강제력이 있는 규범이라고 배웠어요. 그런데 자꾸 생각하다 보니 어떻게 종이에 쓰인 글자에 불과한 법이 강제력을 갖는 것인지 좀 이상하게 느껴지더라고요. 법에는 정말 강제력이 있나요?

앞서 도덕이나 종교 규범과 법의 차이를 이야기하면서 현대 사회에서는 법이 공식적인 절차를 통해 합의된 규범이라는 점을 얘기했었죠? 따라서 법은 유일하게 강제력의 사용이 인정된 규범이라는 점에서 다른 규범들과 큰 차이를 보이는 것은 사실이에요.

하지만 '법이 강제력을 갖는다'는 표현이 오해를 불러오는 것 같아요. 법을 어기면 제재를 받는 것은 맞지만 법 그 자체가 강제력을 가지고 제재를 가하는 것은 아니죠. 사실 무슨 마법의 책도 아니고 글자가 스스로 힘을 갖는다는 것 자체가 말이 안 되잖아요. 경찰, 군대, 감옥 등 국가의 강제력은 이미 존재하고 있는 상황에서 그 강제력의 행사가 반드시 법에 따라 이루어져야 한다는 점을 쉽게 표현하다 보니 '법에 강제력이 있다'고 일상적으로 말하는 거지요.

하지만 '법이 그 자체로 강제력을 가진다'는 생각은 단순한 오해만은 아니에요. 모든 사회 구성원들이 주인이 되는 민주 사회로 오면서 이전 시대에 왕이나 귀족 등 사람이 자신의 의지에 따라 통치하는 '인치'(人治)의 문제를 극복하고, 새로운 사회에서는 다수의 합의를 통해 만든 법에 따라 통치하는 '법치'(法治)가 강조되었어요. 이렇게 인치와 법치를 대립되는 개념으로 보다 보니 강제력을 행사하는 통치의 과정에서 인간의 역할을 최대한 배제하고 '법이 스스로의 논리와 제도에 따라 통치한다'는 관념이 이상적인 통치 형태로 여겨졌어요. 그래서 실제로 법이 그 자체로 강제력을 가진다, 법 그 자체의 힘을 인정해야 한다는 주장을 하는 사람들도 많아요.

하지만 '법이 스스로 통치한다'는 생각은 과장이 있는 데다 오히려 인간의 역할을 축소시켜 더 위험할 수 있어요. 마치 완벽한 논리와 사고 체계를 갖추고 세상 모든 일에 다 정답을 가지고 있는 법이라는 거대한 기계에 의해 인간이 지배받는 느낌이 들지 않나요? 실제로 그런 완벽한 법이 존재할 수 없을뿐더러 인간이 완전히 배제된 사회 제도가 바람직한 것이라고 할 수도 없을 거예요.

예를 들어 '장 발장'의 경우를 생각해 볼까요? 소설 『레 미제라블』의 주인공 장 발장은 흔히 빵 한 조각을 훔친 죄로 19년 동안 억울한 옥살이를 한 사람으로 알려져 있습니다. 하지만 소설을 자

법치 법치는 법률에 의하여 나라를 다스리는 것을 뜻한다. 법치주의는 국민의 의사를 대표하는 국회에서 만든 법률에 따르지 아니하고는 나라나 권력자가 국민의 자유나 권리를 제한하거나 의무를 지울 수 없다는, 근대 입헌 국가의 정치 원리이다. 또 사람의 본성을 악하다고 생각하여 덕치주의를 배격하고 법률로써 백성을 다스려야 한다는 사상을 뜻하기도 한다.

세히 읽어 보면 그가 19년 동안 옥살이를 한 것은 '법치'의 차원에서는 매우 타당한 것이었어요. 장 발장은 빵 가게의 유리창을 깨고 빵을 훔쳐 갔는데 빵을 훔친 절도죄 외에 유리창을 깼으니 기물 파손죄, 그 사이로 손을 넣었으니 무단 침입죄, 게다가 그 가게가 빵 가게 주인의 살림집이었으므로 가택 침입죄, 그리고 비록 사용하지는 않았지만 밀렵꾼으로서 총을 소지하고 있었으므로 단순 절도가 아닌 강도죄, 게다가 이 행동들이 야간에 이루어졌으므로 가중 처벌 대상이 됩니다. 그래서 재판에서 5년 형을 선고받았는데 형 집행 중에 계속 탈옥을 하다가 체포되었으므로 가중 처벌을 거듭 받아 19년씩이나 수감 생활을 한 것입니다.

법에는 강제력이 있을까?

이렇게 법에 따라 논리적으로 따져 보면 그가 받은 처벌이 당연하다고 볼 수 있겠지만 우리의 상식이나 인간적 관점에서 이 사건을 다시 볼 필요가 있습니다. 장 발장이 빵을 훔친 이유는 누나와 어린 조카들 일곱 명을 먹여 살리기 위해서였습니다. 어려서 부모님을 잃고 고아로 자라면서 자신을 키워 준 누나의 은혜에 보답하기 위해 자신은 굶주림에 시달리면서도 뼈가 빠지도록 농장에서 일을 했지만 농한기가 되자 일자리를 구할 수 없었어요. 한

살에서 여덟 살 사이의 나이 어린 조카들이 고통받는 것을 보고 장 발장은 충동적으로 빵을 훔친 것입니다. 과연 이런 절박한 상황에 처한 사람들에게까지 기계적으로 법을 적용하는 것이 옳은 일이었을까요?

장 발장이 받았던 판결은, 그가 출소한 후 세상에 대한 증오로 가득 차서 자신에게 친절하게 대해 준 미리엘 신부님의 은 식기를 훔쳤다가 경찰에 다시 체포되어 왔을 때 신부님이 취했던 행동과 극명하게 대비됩니다. 교회에서 예배를 드릴 때 사용하는 소중한 재산인 은 식기를 훔쳐 달아난 장 발장이 처벌을 받지 않도록 경찰에게 자신이 선물로 준 것이라고 말하고 한술 더 떠서 은 촛대도 가져가라고 했는데 왜 안 가져갔냐며 은 촛대도 챙겨 줍니다. 경찰이 오해해서 미안하다며 돌아가자 다시 감옥으로 가게 될 줄 알고 벌벌 떨던 장 발장에게 미리엘 신부님은 이렇게 말합니다.

"장 발장 형제, 절대로 잊지 마세요. 이 돈은 정직한 사람이 되는 데 쓰셔야만 합니다. 나는 이 돈으로 당신의 영혼을 사서 주님께 바치려 합니다."

규범의 목적이 사람들이 선한 행동을 하게 만들고 그래서 많은 사람들이 함께 안전하게 살 수 있는 사회를 만드는 것이라면 장 발장의 사례에서 법에 따른 판단과 인간의 상식과 애정 가운데 보다 의미 있고 효과적이었던 것은 어느 쪽이라고 할 수 있을까요?

'법치'는 '인치'를 완전히 몰아내어야 완벽해지는 것이 아니라 인간의 끊임없는 개입과 토론을 통해 오류의 가능성을 줄여야 비로소 건강해질 수 있어요. 대화를 하며 함께 걸어가는 친구와 같은 존재이지요. 법의 강제력은 법이 법전에 쓰이는 순간 저절로 생기는 것이 아니라 많은 사람들이 그 법에 대해 알고 중요하다고 생각해서 지키려고 노력하는 과정에서 서서히 자라나고 강해지는 힘이에요. 반대로 법의 강제력이 사람들의 권리를 침해하는 방향으로 잘못 사용될 때 이를 바로잡는 것 또한 인간의 몫이고요.

2장

법에도
종류가
있나요?

5 돈을 못 갚으면 사법, 안 갚으면 공법이라고?

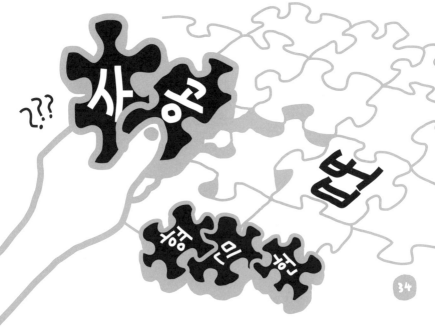

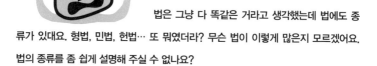

법은 그냥 다 똑같은 거라고 생각했는데 법에도 종류가 있대요. 형법, 민법, 헌법… 또 뭐였더라? 무슨 법이 이렇게 많은지 모르겠어요. 법의 종류를 좀 쉽게 설명해 주실 수 없나요?

2014년 5월 30일 기준으로 우리나라 법의 개수는 총 4,366개나 된다고 해요. 정말 많죠? 저 많은 법들을 어떻게 다 알 수 있을까 한숨이 나올 텐데 걱정하지 마세요. 법 전문가라고 해도 저 법들을 다 아는 사람은 없을뿐더러 인터넷에서 검색하면 언제든지 필요한 법 조항을 찾을 수 있으니까요. 중요한 건 어떤 경우에 어떤 법이 필요한지 그 구조를 파악하는 거예요.

여러분이 사는 동네를 생각해 보면 돼요. 동네에 있는 모든 건물과 거기 사는 사람들을 다 알 수는 없잖아요. 어디에 가면 병원을 찾을 수 있다, 어느 쪽으로 가면 식당이 많다, 학교는 어느 쪽이다, 이런 대략적인 방향 감각만 가지고 있으면 생활하는 데 큰 불편이 없어요. 이처럼 법도 개별적인 법들을 다 알 필요는 없지만 법의 종류와 구조를 전체적으로 파악해 두면 훨씬 쉽게 접근할 수 있어요.

앞서 법이 사람들 간의 관계에서 생겨났다고 말했죠? 사람들 간의 상호 작용에서 가장 민감한 것은 아무래도 돈을 주고받는 거래 관계라고 할 수 있어요. 물건이나 집, 땅 등을 사고팔다 보면 아무래도 다툼이 발생하기 쉽죠. 또 다른 사람에게 재산상 피해를 줬다면 이걸 얼마나 배상해 줄 것인지 하는 문제도 생길 테고요. 한 집안에서 누군가 돌아가시면서 재산을 남겼다면 이걸 누구에게 어떻게 나누어 줄 것인가 하는 상속도 간단히 해결하기 어려운 문제입니다.

이렇게 개인과 개인 사이에 생기는 문제를 다루는 법들을 통틀어 '사법'(私法)이라고 해요. '사법부'(司法府)라고 할 때와 한자가 다르다는 점에 주의하세요. '사법부'에서의 '사법'은 '법을 맡아서 담당한다'는 뜻이고, 법의 분류에서 사법은 '개인들 간의 문제를 다루는 법'이라는 뜻이에요. 민법, 상법 등이 여기에 포함되는데 계약, 거래 관계, 손해 배상 등 주로 돈과 관련된 문제들이 다루어져요.

사람들이 모여서 만들어진 공동체인 국가의 차원에서는 국가의 기구나 제도들을 어떻게 만들고 운영할 것인가, 국가가 어떻게 국민들의 기본권을 보장할 것인가 등이 중요한 문제가 돼요. 만약 개인 간에 벌어진 문제라 하더라도 다른 사람의 재산을 빼앗고 훔치거나 신체적으로 폭행을 가하는 등 단순히 개인적인 문제에 그치는 것이 아니라 사회 질서를 어지럽히는 '범죄'를 저질렀다면 국가가 나서서 '처벌'을 하게 되죠. 이렇게 국가 기관 간의 문제 혹은 국가와 개인 간의 문제를 다루는 법들을 통틀어 '공법'(公法)이라고 해요. 국가의 기본적인 설계도라고 할 수 있는 헌법과 범죄 문제를 다루는 형법, 행정 작용을 다루는 행정법 등이 대표적인 공법이라고 할 수 있습니다.

개인과 개인의 문제는 사법, 개인과 국가의 문제는 공법

역사적으로 사법이 먼저 생겼는지 공법이 먼저 생겼는지의 문제는 닭이 먼저냐 달걀이 먼저냐처럼 답을 낼 수도 없고 그다지 중요하지도 않은 문제예요. 사람들이 함께 모여 사는 그 순간부터 개인 간의 상호 작용도 발생했을 것이고 동시에 공동체라는 것도 생겨났을 테니까요. 중요한 건 어떤 문제가 발생했을 때 이게 공법에 해당하는 문제인지 사법에 해당하는 문제인지 구분해서 접근하는 거예요.

예를 들어 누군가 내 돈을 빌려 갔는데 형편이 어려워져서 갚지 못했다면 이건 단순히 개인 간에 약속을 지키지 못한 사법 영역의 문제죠. 하지만 알고 보니 이 친구가 처음부터 안 갚을 생각이었는데 마치 갚을 것처럼 속여 돈을 빌려서 엉뚱한 곳에 쓰고 발뺌을 하고 있는 거라면 형법상의 사기죄에 해당할 수도 있을 거예요. 이런 문제들을 구분하지 않고 돈을 못 받게 되면 민사, 형사를 가리지 않고 고소를 하는 바람에 과도하게 소송이 남용되는 '남소'의 문제가 발생하기도 한답니다.

6

노동자와 소비자를 도와주는 법이 있다고?

사회법

뭔가 알 것 같기도 하고 모를 것 같기도 하고… 그럼 모든 법이 공법과 사법 둘 중 하나로 구분되는 건가요? 그 구분대로라면 개인 간의 거래나 계약 문제에는 국가가 전혀 개입을 하지 않는 거예요?

‘그럼요’라고 쉽게 답해 주면 좋을 텐데 미안하게도 그렇게 딱 구분되는 것은 아니에요. 공법과 사법 두 영역의 중간에 해당하는 ‘사회법’이 있답니다. 아아, 그게 뭐냐고 짜증 내지 말고 잠깐 들어 보세요. 여러분의 권리를 지키기 위한 좋은 의도에서 등장한 게 사회법이니까요.

사법은 기본적으로 개인과 개인이 동등한 위치에서 법률관계를 형성한다는 것을 전제로 합니다. 예를 들어 어떤 사람이 돈을 주고 물건을 사려고 할 때 물건을 사는 사람이나 파는 사람이 동등한 위치에 있기 때문에 물건이 마음에 안 들면 안 사면 되고, 또 파는 사람이 가격이 맞지 않거나 팔고 싶은 마음이 없다면 안 팔면 그만이잖아요. 어렵게 말하자면 ‘자유로운 의사에 따른 법률관계의 형성’이 가능한 거죠.

그런데 원칙적으로는 그렇지만 실제 사회에서는 개인과 개인이 모든 영역에서 동등한 입장인 것은 아니에요. 대표적인 예가 노동자와 사용자(기업), 즉 노사 관계예요. 물건을 사고파는 것처럼 마음에 안 들면 회사를 그만두면 될 것 같지만 노동자 입장에서는 생계가 걸려 있는 문제인데 조건이 불리하다고 해서 쉽게 회사를 때려치울 수는 없잖아요. 이런 점을 이용해서 회사 측에서 점점 월급을 낮추거나 복지 혜택을 줄여도 노동자는 저항할 힘이 없는 거죠.

66 고마워, 사회법 99

이런 문제가 심각해지자 20세기 초 무렵부터는 국가가 개입해서 노동자들의 권리를 강화시켜 주었어요. 노동자들이 힘을 모아서 노동조합을 만들고, 임금 교섭도 개개인이 하는 게 아니라 노동조합 단위로 할 수 있게 하고, 회사가 요구 조건을 받아들이지 않는다면 합법적인 테두리 안에서 파업도 할 수 있도록 보장하고요. 이런 내용들을 담아 노동 관련 법들이 만들어지게 되는데 이런 법들을 국가가 개인 간의 사법적 영역에 개입하는 '사회법'이라고 부른답니다. 원래 사법적 영역인데 공법처럼 국가가 개입한다고 해서 '사법의 공법화'라고 말하기도 해요.

소비자와 기업의 관계도 마찬가지예요. 흔히 '소비자는 왕'이라고 하지만 실제로는 기업이 제품에 사용된 재료를 숨기거나 가격을 부당하게 올리거나 혹은 문제가 있는 제품을 팔아도 소비자가 대항하기가 쉽지 않잖아요. 그래서 소비자의 권리를 보장하기 위해 만들어진 소비자 기본법(예전엔 '소비자 보호법'이라는 명칭이었어요. 왜 그런 이름이 쓰였는지 알겠죠?)도 사회법의 일종입니다.

이렇게 사람들의 권리를 보호하기 위해 국가가 개입하는 것이 장점을 갖고 있지만 국가의 개입이 과도해지면 안 된다는 우려의 목소리도 있어요. 사람들의 자율적인 의사 결정에 맡겨야 시장경제가 활발하게 돌아갈 수 있는데, 하나하나 국가가 다 개입해서 결정하려고 한다면 경제의 활력도 떨어지고 국가의 힘이 지나치게 세져서 그게 오히려 국민의 기본권을 침해하는 결과로 이어질 수도 있다는 거죠. 사회적 분쟁의 해결에 법이 가장 빈번하게 활용되는 미국의 경우, 법이 사람들의 생활 전반에 파고들어서 모든 것을 결정하고 지배하려는 '사법 국가화 현상'이 사회적 문제로 지적되고 있답니다.

7

친구가 헌법이 제일 세다는데 정말일까?

법률

헌법

42

법의 종류가 정말 다양하네요. 그럼 좀 유치한 질문 같지만, 그 중에 제일 센 법이 뭐예요? 친구들이 헌법이 제일 높다던데 그럼 나머지 법들도 뭔가 순서나 계급 같은 게 있나요?

센 법이라… 그렇게 표현할 수도 있겠지만 그보다는 일종의 단계 같은 것으로 생각하는 편이 좋을 것 같아요. 집을 짓는 걸 예로 들어 볼게요. 커다란 집을 지으려면 먼저 집의 무게를 떠받칠 튼튼한 기초를 땅 위에 만들어야겠죠? 그러고 나서 기둥을 세우고 벽도 만들고 그 위에 지붕을 얹고 굴뚝도 달고 하는 순서를 거치게 될 거예요. 기초가 있어야 그 위의 구조물들도 만들 수 있는 거고, 기둥이나 다른 구조물들이 엉뚱하게 기초를 벗어나서 바깥에 세워지는 것은 불가능하잖아요. 그러니 따지자면 기초가 제일 중요하고 다음으로 기둥이 중요하고 뭐 이런 식으로 말할 수도 있겠지만 그렇다고 기초하고 기둥하고 싸우면 기초가 이긴다, 이런 식으로 생각하지는 않잖아요?

법들의 관계도 이와 비슷해요. 모든 법의 가장 기본이 되는 법이 '헌법'이에요. '헌'(憲)이라는 한자나, 헌법을 의미하는 영어 단어인 constitution, 독일어인 Verfassung 모두 '구성하다, 기초를 만들다'라는 의미가 있어요. 국가가 지향하는 바를 밝히고 국가의 목적으로서 국민의 기본권을 제시하며 이를 구현할 국가 조직의 구성과 운영 방식을 보여 주는 '국가의 설계도'와 같은 법이죠.

그 기반 위에서 개별적인 사항들을 규정한 '법률'이 만들어져요. 당연히 국가의 설계도인 헌법에서 정한 내용을 벗어나는 법률은 인정되지 않겠죠? 법률 단계까지만 가도 여러분이 복잡하다고 느끼겠지만 실제로 그 일들이 시행되기 위해서는 집행을 담당하는 행정부에서 필요한 사항들을 세세하게 규정할 필요가 있어요. 이걸 '명령'이라고 부르죠. 대통령령, 국무총리령 등 종류도 다양해요.

66 법에도 99 계급이 있을까?

법률을 국회에서 만들고 그에 해당하는 명령을 행정부에서 만든다고 했죠? 그럼 독자적인 권한을 가지고 있는 지방 자치 단체에도 이와 비슷한 게 있어야 하지 않겠어요? 지방 의회에서 만드는 것을 '조례'라고 하고 지방 자치 단체에서 만드는 것을 '규칙'이라고 해요. 당연히 상위에 있는 법률이나 헌법에 어긋나는 것은

지방 자치 단체 지방 자치 단체는 특별시·광역시·도·시·군과 같이, 국가 영토의 일부를 구역으로 하여 그 구역 내에서 법이 인정하는 한도의 지배권을 소유하는 단체이다. 주민의 복리에 관한 사무를 처리하고 재산을 관리하며 법령의 범위 안에서 자치에 관한 규정을 제정할 수 있다. 지방 의회는 지방 자치 단체의 의결 기관이다. 시, 군, 구에 설치하는 기초 의회와 특별시, 광역시, 도, 특별자치도에 설치하는 광역 의회가 있다.

만들 수 없고요.

정리해서 이야기하자면, '헌법 – 법률 – 명령 – 조례 – 규칙'의 순서라고 할 수 있어요. 재미있는 건 이게 제정할 권한을 가진 사람의 범위와도 일치한다는 점이에요. 즉 가장 큰 권위를 가지고 있는 헌법을 만들거나 개정하려면 국민 모두가 참여하는 국민 투표를 거쳐야 하지만 법률은 국민의 대표인 국회 의원들에 의해, 명령은 중앙 정부에 의해, 조례는 지역에서 뽑힌 지방 의회 의원들을 통해, 규칙은 지방 자치 단체장에 의해… 이렇게 권한이 줄어드는 만큼 그 제정에 참여하는 사람의 수도 줄어들지요. 아니, 실은 반대로 이야기해야 할 거예요. 참여하는 사람들의 숫자가 커질수록 그 법의 권위가 높아지는 것이 민주주의의 당연한 원칙 아니겠어요?

8

이슬람 국가에 여행 가면 히잡을 꼭 써야 하나?

법들끼리 충돌하면 어떻게 되나요? 우리나라 법은 앞에서 말씀하신 것처럼 순서가 있으니까 그 순서대로 해결하면 될 것 같은데 외국의 법은 그런 순서가 의미가 없잖아요? 만약 우리나라의 법과 다른 나라의 법이 충돌하면 어떻게 되나요? 예를 들어 여성들이 히잡을 써야 하는 이슬람 국가에 우리나라 사람이 관광을 하러 가면 우리도 히잡을 써야 하나요?

질문이 점점 복잡하고 폭이 넓어지는군요. 이제 우리나라를 넘어서 외국에까지 관심사가 확대된 건가요? 아주 좋은 질문이에요. 혹시 국가가 영어로 뭔지 아나요? 많은 학생들이 'nation'이라고 대답할 텐데 사실 국가를 의미하는 단어는 'state'랍니다. 미국(USA)은 '여러 나라들이 합쳐진 국가' 즉 미합중국 (United States of America)이죠. nation은 역사적으로 존재해 온 국가의 여러 형태 가운데 현재 우리가 살고 있는 국가의 형태, 즉 민족 개념을 중심으로 한 민족 국가 또는 국민 국가를 가리키는 단어예요.

국민 국가가 등장한 것은 지금부터 대략 2~300년 전부터예요. 그리 오래되지 않았죠? 생각해 보면 우리도 1919년 상해 임시 정부가 '대한민국은 민주 공화국이다'라고 임시 정부 헌법에서 선언하기 전까지는 왕조 국가였잖아요.

새로이 등장한 국민 국가의 가장 큰 특징은 분명한 국경선을 그어 자신의 '영토'를 분명히 하고, 그 안에 살고 있는 사람들에게 국적을 부여하여 자기 나라 사람과 다른 나라 사람, 즉 '국민'을 분명하게 구분하며, 자신의 영토 범위 내에서 다른 나라가 간섭할 수 없는 독립적인 최고 권위인 '주권'을 행사한다는 점이에요. 법학자 옐리네크는 이 세 가지 요소 '국민, 영토, 주권'을 '국민 국가의 3요소'로 제시하여 유명해졌죠.

우리나라 법과 다른 나라 법이 충돌하면?

현재 지구상에 있는 대부분의 국가들은 다른 나라가 자신의 영토 내에서는 어떤 영향력도 행사할 수 없도록 강력한 주권을 행사하는 주권 국가들이에요. 그러니 만약 여러분이 어떤 나라의 영토 안에 들어갔다면 당연히 그 나라의 법을 따라야 하겠죠. 이런 원칙을 그 땅에 속한 법을 따른다는 의미에서 '속지주의'라고 한답니다. '로마에 가면 로마법을 따라야 한다'는 속담도 법적으로 따지자면 속지주의 원칙을 보여 주는 것이죠.

하지만 예외도 있습니다. 예를 들어 외교관의 경우 자신의 나라를 대표해서 다른 나라에 파견되어 있는 상황이기 때문에 외교관 개인의 신체나 대사관, 자동차 등은 상대방 나라의 영토처럼 취급해서 그 나라의 법을 적용시키지 않습니다. 이럴 경우 결과적으로는 그 사람이 어느 영토에 있는지가 아니라 그 사람의 국적이 어디인가를 우선적으로 고려하는 것이므로 그 사람이 속한 국가에 따른다는 의미에서 '속인주의'라고 부릅니다.

앞서 질문한 '이슬람 국가에 가서 히잡을 써야 하는가?'라는 문제도 기본적으로는 속지주의 원칙에 따라야 한다고 볼 수 있어요. 예를 들어 이란의 경우 법에서 '외국 여성이라도 우리나라에 오면 히잡을 써야 한다'고 정해져 있으므로 관광객도 히잡을 쓰는 것이 원칙이고, 같은 이슬람 국가라도 터키의 경우는 외국인은 히잡을 안 써도 되지만 종교적 건물인 모스크에 들어갈 때는 반드시 쓰도록 하고 있고요.

자, 그럼 여기서 문제! 어떤 배가 우리나라와 중국과 일본 사이에 있지만 어느 나라에도 속하지 않은 공공의 바다, 즉 공해상에 떠 있다면 이 배에는 어떤 나라의 법이 적용될까요?

이 경우는 배가 등록된 국가의 법을 따릅니다. 즉 미국에 등록된 배라면 미국의 법을 따르고 일본에 등록된 배라면 일본의 법을 따르는 것이지요. 이걸 '선적'(배의 국적)이라고 하는데 뉴스를 듣다 보면 '캄보디아 선적의 유조선 ○○○호가…' 이런 말을 들을 수 있을 거예요. 따라서 국제 항행을 하는 배에는 선적을 표시하는 깃발, 즉 국기를 달게 되어 있답니다. 그래서 국기 대신 검은색 깃발 혹은 해골 깃발을 달면 '앗, 해적선이다' 하고 사람들이 두려워했던 거죠. 항공기도 마찬가지로 적용됩니다.

9

독도가 일본 땅이라고 우기는데 처벌할 수 있을까?

독도는 우리 땅이야!

국가와 국가 사이, 그러니까 한 국가의 영토를 벗어난 곳에서 발생한 문제들의 경우 혹은 국가 대 국가로 해결해야 할 문제가 발생한 경우 여기에 적용되는 국제법이 있나요? 그런 법은 누가 만들고 누가 집행해요? 유엔인가요? 일본이 자꾸 독도를 자기네 땅이라고 우기는데 좀 그러지 말라고 국제법으로 처벌하면 안 되나요?

어이쿠, 이제 막 질문이 소나기처럼 쏟아지네요. 하나씩 짚어 봅시다. 앞에서 법은 국회에서 만들고 정부가 집행하는 거라고 얘기했죠? 그럼 국제법이 있으려면 이 법을 만드는 국제 의회가 있고 또 이걸 집행하는 국제 정부가 당연히 있어야 할 텐데 그런 기관들은 없잖아요?

하지만 가만히 생각해 보면 우리가 사는 세상도 공식적인 법으로만 돌아가진 않아요. 예를 들어 어른에게 인사를 하지 않으면

처벌하는 법이 있는 건 아니지만 우린 누구나 어른들에게 인사하는 것을 당연하게 여기고 버릇없이 구는 아이들이 있으면 야단을 치죠. 이렇게 사회적으로 반복되어 온 습관이나 여기서 비롯된 규칙을 '관습'이라고 하는 것처럼 국제 사회에서도 반복되어 온 관행을 '국제 관습'이라고 부르며 이걸 국제 관계에서 지켜야 할 국제법으로 봐요.

또 국가와 국가 사이에 맺어진 '국제 조약'도 조약을 체결한 국가 사이에서는 반드시 지켜야 할 약속이고 이런 약속이 널리 퍼지다 보면 모든 나라가 지켜야 할 규칙처럼 받아들이게 되죠. 전쟁 포로의 처우에 관해 맺은 조약인 '제네바 협약'이 직접 협약을 맺지 않은 다른 나라들 사이에서도 기준으로 받아들여지는 것이 대표적인 예라고 할 수 있어요.

66 국제법을 어기면 99 어떻게 될까?

이렇게 국가 사이에서 일정한 구속력을 지니는 것으로 여겨지는 국제 관습, 국제 조약 혹은 유명한 학설이나 판례 등을 포괄적으로 '국제법'이라고 불러요. 국제법이라는 별도의 법전이 있는 줄 알았다면 좀 실망했을 수도 있겠네요.

앞서 이야기한 것처럼 국제 사회에는 법을 만들어 내는 의회가 있는 것이 아니기 때문에 어떤 것이 국제법인지, 또 그 내용이 구체적으로 무엇인지 분명치 않으며 적용할 국제법 자체가 마땅치 않은 경우도 많아요. 특히 이를 강제로 집행할 국제 정부가 없기 때문에 혹시 국제법을 어긴 것이 분명한 경우라 해도 제재를 가하기 어렵다는 점은 커다란 한계죠.

독도 문제도 마찬가지예요. 독도가 우리의 정당한 영토임을 세계에 알리고, 일본이 억지 주장을 펼칠 때 이에 반박하는 것은 당연히 우리가 해야 할 중요한 일이죠. 만약 우리가 가만히 있다면 일본의 주장이 맞는 모양이라고 생각하는 국가들이 많아져서 그게 국제 사회에서의 관행이 되어 버릴 가능성이 있으니까요.

하지만 국제법을 바탕으로 다른 누군가가 독도는 한국 땅이다, 땅, 땅, 땅! 망치를 두드리면 문제가 완전히 해결된다든가, 일본이 또 억지 주장을 하면 벌을 준다든가 하는 일은 벌어지기 어려워요. 그래서 어떤 사람들은 국제 관계가 결국은 힘의 논리로 이루어지는 것이지 국제법은 별로 의미가 없다고 부정적으로 말하기도 해요. 하지만 교통과 통신의 발달에 따라 지구촌이라 할 만큼 국가 간의 관계가 가까워지는 시대가 되었으니 오히려 국제법의 역할이 더욱 커지고 중요해지는 것은 분명해요. 어떻게 하면 더 합리적이고 이성적인 방식으로 여러 나라들이 공존할 수 있는 국제적인 규칙을 만들어 갈 수 있을 것인지가 앞으로 우리들에게 중요한 과제가 될 것입니다.

3장

법 중의 법,
헌법 이야기

10

헌법은 집의 설계도와 같다고?

헌법

56

앞에서 법의 종류를 설명해 주실 때 헌법이 국가라는 집의 기초와 같은 역할 또는 설계도와 같은 역할을 한다고 말씀해 주셨잖아요. 아, 그런가? 싶기도 하지만 여전히 구체적으로는 어떻게 다른 법률과 다른지 잘 모르겠어요. 헌법에는 어떤 내용들이 담겨 있는 거죠?

질문을 하면서 '헌법은 집의 설계도와 같다'고 말했잖아요? 만약 여러분이 집을 지으려고 한다고 생각해 보세요. 그럼 제일 먼저 뭘 해야 할까요? 아마 전체적으로 집을 어떤 모양으로, 어떤 재료로 만들지 정해야 할 거예요. 집의 크기는 어느 정도로 하고 기둥은 어디에 세우고 방은 어떻게 배치하고 부엌은 어디에 두는지 등등….

국가를 만들 때도 마찬가지예요. 법은 어떤 기관에서 만들지, 만들어진 법은 어디서 집행할지, 재판은 누가 어떻게 할지, 대통령은 어떻게 뽑고 무슨 일을 할 수 있는지 등등 국가 기관의 구성과 운영에 관련된 일들을 정해 두어야 할 거예요. 이런 내용들을 헌법에서는 '통치 구조'라고 해요.

헌법 조항 중에 통치 구조라는 말이 직접 나오는 것은 아니지만 우리 헌법의 예를 들자면 국회, 대통령과 행정부, 사법부, 헌법 재판소, 선거 관리 위원회 등을 다룬 내용들이 다 여기에 해당한다고 할 수 있죠. 다른 나라의 헌법들에도 대부분 이런 내용들이 포함되는데 조선 시대의 경우 『경국대전』에 이와 관련된 내용들이 실려 있어요. 그래서『경국대전』을 '조선의 헌법'이라고 부르는 사람들도 있죠.

하지만『경국대전』은 지금 우리의 헌법과 큰 차이가 있어요. 국가 기구를 어떻게 구성하고 운영할지에 관한 내용들은 매우 상세하게 규정해 놓았지만 가장 중요한 내용인 국가의 목적, 그러니까 이런 기구들이 '왜 무엇을 위해 존재해야 하는지'는 따로 밝혀 놓지 않았죠.

생각해 보면 당시는 왕이 나라를 다스리는 것이 당연하게 여겨지던 시절이었고 왕의 통치를 효율적으로 하기 위해 만든 것이 법이었으니 '왜'라는 질문을 하지 않는 것이 어쩌면 당연한 일일 거예요. 하지만 시민 혁명 이후 민주주의 체제로 변화하게 되면서 사람은 누구나 평등하고 그래서 누구나 태어날 때부터 가진 권리를 존중받아야 한다는 생각이 자리 잡게 되었어요. 이렇게 인간이라면 누구나 가지고 있는 하늘이 준 권리를 '천부 인권' 혹은 '자연권'이라고 해요.

사람은 누구나 평등하다는 기본권이 헌법에 담겨 있어

누구나 똑같은 권리를 가지고 있다고 생각하다 보니 국가에 대한 생각도 달라졌어요. 예전에는 국가가 신의 섭리로 만들어진 것이라거나 또 신이 국가를 다스릴 권리를 왕에게 주었으니 왕이 다스리는 것이 당연하다는 '왕권신수설'이 받아들여졌는데, 왕이나 귀족이나 평민이나 다 똑같은 권리를 가진 사람이라면 누가 어떻게 다스릴지를 정하는 것도 다 함께 결정해야 하는 것 아닌가 하는 생각이 들게 된 거죠.

따라서 국가도 사람들이 자신들의 안전을 보장하고 함께 잘 살아가기 위해 계약을 맺어 만들어 낸 것이라는 '사회 계약설'이 자리 잡게 되었어요. 이때 국민들이 국가를 만드는 이유는 당연히 자신들의 권리를 지키기 위해서이므로 국가는 사람들의 기본권을 지켜 주는 것을 목적으로 해야 한다고 생각하게 되었죠. 시민 혁명 이후 만들어진 근대 국가의 헌법은 '기본권'을 가장 중요한 내용으로 포함하게 되었고 이런 헌법에 입각하여 만들어진 국가를 '근대 입헌주의 국가'라고 부르게 되었어요.

이렇게 기본권과 통치 구조에 관한 내용이 헌법의 내용을 이루는 두 개의 커다란 축이에요. 여기에 국가에 따라서는 헌법의 전체적인 목적이나 지향점을 밝히는 내용을 간략히 정리해서 맨 앞에 넣기도 하는데, 앞에 오는 글이라고 해서 '헌법 전문'이라고 불러요. 우리나라 헌법에도 전문이 있는데 우리나라에서 가장 중요하게 생각하는 가치가 무엇인지 잘 정리되어 있으니 한번 찾아서 읽어 보길 권해요.

11

헌법은
내 생활과
무슨 관계가
있을까?

헌법이 아주 중요한 법이라는 건 알겠는데 그래도 우리 생활과는 좀 동떨어져 있다는 느낌이 들어요. 헌법에 따라 범죄자가 처벌되거나 우리가 사는 모습이 막 바뀌거나 그러진 않잖아요? 그럼 우리는 헌법에는 별로 관심을 갖지 않아도 되는 거 아닌가요?

사실 일반인들의 입장에서는 헌법에 직접 영향을 받는 일이 별로 없긴 하죠. 하지만 앞서 이야기했듯이 헌법은 우리가 살고 있는 세상의 전체적인 모습을 만들어 낸 기본적인 원칙과 같은 것이라서 헌법의 내용을 모르면 세상사를 이해하기가 쉽지 않아요. 예를 들어 매일같이 쏟아지는 뉴스를 보면 정부에서 이런 일을 했다, 국회에서 이런 법이 만들어졌다, 법원에서 이런 판결이 내려졌다는 기사가 빠짐없이 나오는데 헌법의 내용을 모르면 각 기관들이 어떤 일을 하는 곳이고 서로 어떤 관계를 맺고 있는지 알기 어렵잖아요.

각 국가 기관에서 하는 일들은 궁극적으로는 모두 헌법에서 정한 틀에서 이루어지도록 되어 있기 때문에, 비록 헌법이 개인의 삶에 직접 영향을 미치는 것은 아니더라도 헌법을 바탕으로 한 법률을 통해서 우리 생활 구석구석에 영향을 주고 있어요. 여러분이 다니는 중학교 혹은 고등학교의 구성과 운영에 관해서는 교육 기본법 또는 초중등 교육법에 규정되어 있는데, 이 내용들은 헌법 제31조의 교육에 관한 조항에 근거를 두고 만들어졌기 때문에 결국 헌법과 연결되어 있는 셈이죠.

동성동본 결혼도
호주제 폐지도 헌법 덕분이라고?

또 헌법에 담겨 있는 기본권의 내용에 관심을 갖고 문제가 있을 때 헌법에 근거해서 권리를 주장한다면 실제로 우리가 사는 모습이 바뀌는 경우도 적지 않아요. 예를 들어 20년 전만 하더라도 성과 본이 같으면 아무리 사랑하는 사이라 하더라도 결혼하지 못하도록 하는 법이 있었어요. 그런 부부들이 의외로 많아서 10년에 한 번 정도씩 결혼 신청을 한시적으로 허용해 주기도 했는데 그렇게 구제받은 사람들만 44,827쌍이나 되었다고 하니 미처 구제를 받지 못한 사람들까지 합치면 그 수가 상당할 거예요.

이 법이 헌법상의 권리를 침해하고 있다며 헌법 재판소에 위헌 법률 심판이 제청되었는데 1997년 헌법 재판소에서는 헌법 제10조 인간의 존엄성, 제11조 평등권, 제36조 제1항 혼인과 가족생활 관련 조항을 들어 이 법을 위헌이라고 결정했어요.

또 2005년 남성만을 호주로 인정하던 호주제 역시 위헌으로 결정되면서 호주제가 폐지되어 양성평등의 수준이 높아진 것도 헌법의 힘이었지요. 이렇게 헌법은 생각보다 우리 삶에 가까이 있답니다.

가장 중요한 것은 우리가 헌법에 관심과 애정을 가질 때 비로소 헌법이 진정으로 의미 있는 문서가 되어 우리의 민주주의를 지킬 수 있다는 점이죠. 독재에 항거해 시위에 나선 사람들이 헌법 제1조 '대한민국은 민주 공화국이다. 대한민국의 주권은 국민에게 있고, 모든 권력은 국민으로부터 나온다.'라고 외칠 때 이 사람들은 헌법에 근거해서 자신의 권리를 주장하는 것이기도 하지만 이런 적극적인 행동을 통해 헌법 제1조를 실제로 의미 있는 내용으로 구현하고 있는 것이기도 해요. 헌법이 우리를 지키고, 또 우리가 헌법을 지켜 주고 있답니다.

12

우리나라
첫 헌법은
급해서 대충
만들었다고?

NO

SINCE
1919

64

친구들이 그러는데 우리나라 첫 헌법은 해방 후에 시간도 없고 나라 안팎으로 어수선해서 급하게 대충 만들었대요. 그래서 그 뒤로 계속 바꾸고 고치고 그러고 있는 거래요. 정말 그런가요?

친구들 말이 일부분 맞는 것도 있지만 오해하고 있는 부분도 큰 것 같아요. 일단 우리나라의 첫 헌법, 그러니까 제헌 헌법이 언제 만들어졌는지 아나요? 그래요, 1948년 7월 17일에 공포되어서 이 날을 '제헌절'로 정했죠. 그런데 실제로 제헌 헌법이 만들어진 날짜는 7월 12일이에요.

제헌 헌법을 만들 사람들인 '제헌 의원'을 뽑는 선거가 같은 해 5월 10일에 있었고 선거 결과가 확정되어 5월 31일에 처음으로 회의가 열렸죠. 그러니까 제헌 헌법은 겨우 40일 남짓한 기간 동안에 만들어진 셈이니 '급하게 만들었다'고 생각할 수도 있어요.

하지만 제헌 헌법 이전에도 우리는 헌법을 만들고 운용한 경험이 있답니다. 3·1 운동의 결과 만들어진 상해 임시 정부에서 이미 대한민국 임시 정부 헌법을 만들었거든요. 이게 1919년의 일이고 이후 해방이 될 때까지 4차례에 걸쳐 개헌을 하면서 헌법을 다듬어 왔기 때문에 제헌 헌법이 만들어질 때도 당연히 이 내용들이 기본적인 틀의 역할을 했어요. 그렇게 따지면 우리 헌법은 1919년부터 1948년까지 자그마치 30년에 걸쳐 만들어진 것이니 '급해서 대충'이라고 말하는 것은 적절하지 않아요.

제헌 헌법이 임시 정부 헌법을 이어받고 있다는 것은 제헌 헌법 전문에 '기미 삼일 운동으로 대한민국을 건립하여 세계에 선포한 위대한 독립 정신을 계승하여 이제 민주 독립 국가를 재건함'이라고 밝히고 있는 점에서 분명하게 알 수 있어요. 3·1 운동의 정신을 계승하는 것이 우리 헌법의 기본이 된다는 점은 여러 차례의 헌법 개정 과정에서도 변함없이 유지되어 현행 헌법에까지 이어지고 있지요.

우리 제헌 헌법이 자랑스러워

물론 그렇다 하더라도 제헌 헌법을 만들 때 충분한 시간을 두고 천천히 검토하며 국민의 뜻을 모을 시간이 더 있었더라면 좋긴 했을 거예요. 하지만 당시 우리나라는 1945년 8월 15일 해방 후 3년간 미군정하에 놓여 있었고, 그 기간이 끝나는 1948년 8월 15일까지는 새로운 정부를 만들어야 한다는 시간적 제약이 있었어요. 시간이 부족하더라도 일단 헌법을 만들어서 새로운 나라를 세워야만 하는 절박한 상황이었던 거죠.

하지만 제헌 헌법에는 모든 사람들에게 평등하게 투표권을 주는 보통 선거 제도, 모든 국민들의 교육의 기회를 보장하는 의무 교육 제도, 바이마르 헌법의 영향을 받은 사회권의 보장 등 당시로서는 매우 진보적인 내용들이 다수 포함되었어요.

보통 선거 제도의 경우 영국은 1928년, 민주주의의 발상지라는 그리스는 1952년, 미국은 흑인 투표가 허용된 1965년, 스위스는 여성 투표가 허용된 1971년에 와서야 확립된 제도이니 우리나라의 헌법이 얼마나 앞선 내용을 담고 있었는지 알 수 있죠. 우리의 제헌 헌법은 누구에게도 자랑스럽게 내보일 수 있을 만한 헌법이랍니다.

13

우리나라는 왜 자꾸 헌법을 뜯어 고치나?

우리 헌법이 훌륭한 내용을 담고 있다는 건 처음 알았어요. 괜히 어깨가 으쓱해지네요. 그런데 그렇게 훌륭한 헌법을 왜 그렇게 자주 고친 거예요? 친구들 말대로 뭔가 문제가 있어서 자꾸 손댄 건 아닌가요?

음, 꼭 그렇게 볼 수는 없어요. 우리 헌법은 지금까지 아홉 번 개정해서 현행 헌법은 1987년에 개정된 제9차 개정 헌법이에요. 그러니까 열 번째 헌법이죠. 1948년에 첫 헌법이 만들어졌으니까 2017년을 기준으로 하자면 대략 7년에 한 번씩 헌법이 바뀐 셈이네요. 미국 헌법은 1787년에 제정되어 지금까지 한 번도 안 바뀌었으니 대략 230년 동안 그대로인 셈이라서 우리 헌법이 너무 자주 바뀐다고 비판하는 사람들도 있긴 해요.

그런데 이걸 반대로 생각해 보면 어떨까요? 230년 전이면 인터넷도 비행기도 자동차도 없던 시대, 우리나라로 치면 조선 시대에 만들어진 헌법인데 이게 지금까지 그대로 쓰이고 있는 게 과연 꼭 좋은 걸까요? 오히려 바뀌는 시대 상황을 제대로 반영하지 못해서 문제가 발생할 여지가 더 크지 않을까요?

그래서 미국 헌법도 본문은 바뀌지 않았지만 그 후로 수정 조항을 꾸준히 덧붙여서 보완을 하고 있는데 현재까지 27개의 수정 조항이 덧붙여졌어요. 독일 헌법의 경우 1949년에 제정된 이래 40번이나 개정되어 우리나라보다 훨씬 자주 바뀌었지만 그렇다고 독일 헌법이 문제가 있다고 볼 수는 없잖아요? 그러니까 얼마나 자주 바뀌었는가 하는 횟수나 기간의 문제보다도 어떤 이유로 바뀌었는지가 더 중요한 문제라고 할 수 있어요. 즉 타당한 이유가 있어서 개정이 된 것이라면 횟수가 좀 많다 해도 문제될 것이 없다는 거죠.

독재자들이 맘대로 헌법을 바꾸다니!

사실 우리나라 헌법 개정사에서 부끄러운 부분이 있기는 해요. 아홉 차례의 헌법 개정 가운데 4·19 혁명 이후 민주 정부를 세우기 위해 이루어진 3차, 4차 개헌과 1987년 6월 민주 항쟁 이후 대통령 직선제로 바뀌었던 현행 9차 개헌을 빼면, 나머지 여섯 차

례는 모두 집권자가 자신의 권력을 연장하기 위해 때로는 법적 절차까지 무시해 가며 헌법을 바꾸었던, 정당성이 결여된 개헌이었거든요. 예를 들어 이승만 대통령이 대통령 임기를 연장하기 위해

초대 대통령에 한해 몇 번이라도 대통령을 할 수 있도록 했던 2차 개헌이나, 박정희 대통령이 정부에 대한 어떤 비판도 불가능하도록 만들었던 7차 유신 헌법 개헌 등이 대표적이죠.

하지만 헌법에 잘못된 내용이나 부족한 부분이 있다고 국민들이 느낄 때 이를 고칠 수 있는 방법 또한 헌법의 개정을 통해서라는 점을 기억했으면 해요. 독재에 항거한 시민들의 함성이 메아리쳤던 4·19 혁명이나 6월 민주 항쟁이 결실을 맺은 것도 사람들의 바람이 헌법 개정을 통해 제도로 자리 잡는 과정을 거치면서 가능한 것이었어요.

현행 9차 헌법 이전의 헌법들은 평균 4년 정도 만에 다른 헌법으로 대체되었는데 현행 헌법은 1987년 이후 지금까지 약 30년 동안이나 유지되며 우리나라의 번영을 이끌어 왔어요. 현행 헌

법의 내용이 특별히 훌륭해서일까요? 그것보다는 6월 민주 항쟁의 정신이 담겨 있는 헌법이라서 국민들 모두가 헌법을 소중히 여기고 이를 꼭 지키려는 마음을 가지고 있기 때문이에요. 그래서 긴 생명력을 지니며 우리 사회의 든든한 기반이 되었던 것이라고 생각해요.

14 헌법을 바꾸려면 어떻게 해야 할까?

발의

요즘 헌법을 다시 개정해야 한다고 주장하는 분들이 있다고 들었어요. 국회에서도 여러 가지로 논의하고 있다고 하고 뉴스에도 이 이야기가 자주 나오던데 헌법을 개정하려면 어떻게 해야 하는 거예요?

현행 헌법이 앞선 헌법들과 달리 30년이나 변함없이 유지되어 오다 보니 사람들에게 익숙해져서 좋은데 시대의 변화에 따라 내용이 바뀌어야 한다는 주장도 있어요. 개인적으로는 과연 사람들의 원만한 합의를 이끌어 낼 수 있을지, 6월 민주 항쟁을 배경으로 탄생한 현행 헌법만큼 정당성과 무게감을 인정받을 만한 헌법이 될 수 있을지 걱정이 돼요. 하지만 지금까지 드러난 여러 문제점들을 수정할 수 있는 계기가 되면 좋겠다는 바람을 가지고 있어요.

법을 만드는 곳이 어디죠? 맞아요, 입법부인 국회의 역할인데, 법이 통과되려면 국회 의원 과반수가 출석해서 출석 의원 과반수가 찬성해야 돼요. 현재 우리나라 국회 의원 수가 300명이니까 최소한 151명 이상이 출석해서 그중 과반수가 찬성해야 비로소 법이 탄생하는 것이죠.

이렇게 법을 만드는 과정보다 헌법을 만드는 과정이 더 까다롭게 규정되어 있는 경우 절차가 딱딱하다, 어렵다는 의미로 '경성 헌법'이라고 불러요. 반대로 법률을 통과시키는 과정이나 헌법을 만드는 과정이나 동일한 방식이라면 말랑말랑하다, 쉽다는 의미로 '연성 헌법'이라고 하지요. 대부분의 국가들은 법률과 헌법을 구분해서 헌법을 더 중요하게 다루는 경성 헌법을 택하고 있어요.

우리가 원하는
헌법을 만들자!

　우리나라 역시 마찬가지라서 일단 '헌법을 바꿉시다!'라고 제안하는 것도(이걸 '발의'라고 해요) 아무나 할 수 있는 게 아니라 국회 의원 재적 과반수 또는 대통령이 해야 해요. 법률안 발의는 국회 의원 10인 이상이면 되니까 헌법 개정안 발의는 이보다 훨씬 많은 수의 국회 의원이 발의에 참여하는 엄격한 절차를 거쳐야 하는 거죠. 개정안이 발의되면 국민들이 그 내용을 살펴볼 수 있도록 20일 이상 공고해야 해요. 그리고 공고된 날로부터 60일 안에 국회에서 의결을 해야 하는데 재적 의원 2/3 이상이 찬성해야 하죠. 현재 의원수를 기준으로 하면 법률안의 경우 출석한 사람이 적을 경우 최소 76명, 최대 151명이 찬성하면 통과가 되는 데 반해, 헌법 개정안은 출석 인원에 상관없이 찬성하는 사람이 201명 이상이라야 통과가 되니까 훨씬 까다롭죠.

　여기서 끝이 아니에요. 2장에서 헌법은 국민이 만드는 거라고 얘기했던 거 기억하나요? 국회에서 개정안이 통과되더라도 헌법 개정은 반드시 30일 이내에 국민 투표를 거쳐야 해요. 국회 의원 선거권자 과반수의 투표와 투표자 과반수의 찬성이 있어야 개정안이 통과가 되고, 국민 투표로 확정이 되면 대통령은 이를 즉시 공포해서 헌법 개정이 마무리된답니다.

아, 여러분도 투표에 참여할 수 있냐고요? 2017년 현재 국회의원 선거권은 만 19세 이상의 사람들만 가질 수 있으므로 대부분의 중, 고등학생은 투표권이 없어요. 하지만 최근 투표 연령을 낮추자는 주장을 하는 분들도 많으니 혹시 여러분이 이 책을 읽을 즈음엔 변화가 생겼을지도 모르겠네요.

4장

민주주의를 지키는 삼권 분립

15

대통령이 맘대로 하면 누가 막을 수 있을까?

사 **법** 부

초등학교 때 우리나라는 삼권 분립 제도를 택하고 있다고 배운 적이 있는데 이게 정확히 어떤 의미인지 모르겠어요. 국회, 정부, 법원으로 권력이 나뉘어 있다는데 그것 말고 경찰이나 검찰, 시청, 구청 같은 국가 기관들이 많지 않나요? 왜 세 개로만 나뉘어 있다고 하는 거죠? 그리고 나누어 놓으면 더 복잡해질 것 같은데 왜 굳이 나눈 거예요?

이제까지 우리는 민주 국가가 법을 중심으로 해서 만들어지고 운영된다고 이야기해 왔죠? 법이 이렇게 국가의 핵심적인 요소가 되었기 때문에 국가의 권력 역시 법을 통해 나누어지게 되었어요.

여러분은 혹시 대통령과 왕이 어떤 차이가 있는지 생각해 본 적 있나요? 아마 가장 큰 차이는 대통령은 투표를 통해 뽑히고 왕은 그렇지 않다는 점이겠죠. 하지만 만약 대통령이 임기 동안 모든 권한을 다 행사할 수 있다면 기간만 5년으로 제한되어 있다 뿐이지 왕과 별다른 차이가 없다고 할 수 있을 거예요. 그래서 민주 국가에서는 국가의 권한을 쪼개서 서로 견제할 수 있도록 했어요.

먼저 영국의 학자 로크는 법을 만드는 권한인 '입법권'과 법을 집행하는 권한인 '행정권'을 분리하는 이권 분립을 제시했어요. 만약 두 권한이 합쳐져 있다면 자기 마음대로 법을 만들어서 집행할 수 있을 텐데 이걸 분리해 두면 왕이 집행권을 가지고 있더라도 국회에서 그런 법은 만들 수 없다고 거부한다거나, 혹은 왕이 권력 남용을 못하도록 법을 만들어서 막을 수 있겠죠. 현재

79

영국의 의원 내각제가 로크의 이론에 기반을 두고 만들어진 정부 형태라고 할 수 있어요.

로크의 이권 분립, 몽테스키외의 삼권 분립

여기서 한 걸음 더 나아가 세 개의 권한으로 쪼개자고 주장한 사람이 프랑스 학자 몽테스키외예요. 몽테스키외는 원래 판사를 한 적도 있어서 사법권이 사람들에게 얼마나 큰 영향을 주는지 잘 알고 있었거든요. 그래서 법을 적용하는 권한인 '사법권'이 법을 만드는 사람들 혹은 법을 집행하는 사람들과 결합되어 있으면 문제가 발생할 가능성이 높다는 점을 지적했어요. 몽테스키외는 세 개의 권한이 상호 견제하는 가운데 균형을 이루는 '삼권 분립'을 하자고 제안했죠.

몽테스키외의 삼권 분립 이론이 가장 잘 적용된 사례가 미국이에요. 미국은 의회와 행정부, 사법부의 권한이 철저하게 분리되어 서로 견제하는 역할을 하고 있죠. 미국의 트럼프 대통령이 7개 국가를 지정하여 해당 국가의 이민자들이 미국에 입국하지 못하도록 하는 행정 명령을 발동했을 때, 워싱턴 주 시애틀 연방 지방 법원이 이 행정 명령의 집행 정지를 결정하여 미국 전역에서 행정 명령의 발동을 막은 것도 이런 권력 분립의 효과라고 볼 수 있습니다.

　트럼프 대통령은 이민자들이 불법으로 들어와서 미국인들의 일자리를 뺏는 문제가 있고, 이민자 중에 테러를 일으키려는 위험한 의도를 가진 사람들도 있으니 이를 예방하는 차원에서 입국을 막으라고 명령한 것이에요. 하지만 사법부에서는 불법 이민자를 막고 테러를 예방하는 것은 중요하지만, 특정 국가를 지정해서 아예 입국을 막아 버리면 테러와 관련이 없는 합법적인 이민자 혹은 미국 시민권을 취득한 사람들의 기본권을 크게 침해할 우려가 있으므로 그렇게 하면 안 된다고 반대한 것이죠. 행정부의 막강한 권한을 견제하는 이런 장치가 없었다면 미국에서 정당하게 일하고 있던 사람들이 일자리를 잃거나 미국에 남아 있는 가족과 출국했던 사람들이 생이별을 하는 비극이 벌어질 수도 있었을 거예요.

　정리하자면 국가의 권한을 분산해서 상호 견제를 통해 권력 남용의 가능성을 줄여서 궁극적으로는 국민들의 기본권을 확장시키고자 하는 것이 권력 분립 제도의 취지예요. 그 가운데 널리 알려진 형태가 법을 만들고, 집행하고, 적용하는 권한을 중심으로 입법, 행정, 사법의 권한을 나눈 삼권 분립 제도라고 할 수 있습니다.

16

삼권 분립이 좋은 거라면 4권, 5권으로 더 나누면 안 되나?

시민 단체

권 력

권력을 나누어서 권력을 함부로 쓰는 걸 막겠다는 생각인 거군
요. 그렇다면 두 개, 세 개로만 나눌 게 아니라 더 많이 나눌수록 좋은 거 아닌가요?
네 개, 다섯 개⋯ 제 질문이 좀 유치한가요?

아니, 그렇지 않아요. 아주 좋은 질문이에요. 삼권 분립은
권력의 남용을 막아 민주 사회를 구현하겠다는 게 취지이니 권력
견제를 위한 장치는 당연히 많을수록 좋겠죠. 현대 사회에서 이런
역할을 하는 대표적인 부문이 바로 언론이에요. 신문, 잡지, TV와
인터넷 등의 매체를 통해 보도되는 뉴스는 사회의 어두운 곳을 파
헤치고 권력의 남용을 밝혀서 이를 억제하는, 사회의 소금과 같은
역할을 하죠.

미국 언론이 활약한 사례를 살펴볼게요. 1972년 미국 대통령
선거 과정에서 워터게이트 빌딩에 있는 민주당 사무실에 침입한
다섯 명의 괴한들이 체포됩니다. 처음엔 단순 절도 사건으로 처리
되어 묻힐 뻔 했지만 워싱턴포스트 신문의 기자가 끈질긴 취재를
벌인 끝에, 현직 대통령이었던 닉슨 대통령이 주도하여 상대편인
민주당 사무실에 도청 장치를 설치하려 한 사건임을 밝힌 특종 보
도를 내요. 이 사건을 '워터게이트 사건'이라고 합니다.

이 보도로 사건이 사회적인 이슈로 크게 부각되면서 사법부
에서는 대통령 집무실의 대화를 녹음한 테이프를 제출하라고 명
령을 내렸어요. 닉슨은 대통령의 특권을 내세우며 거부했지요. 여

론은 점점 나빠졌고 결국 수사를 방해하라고 대통령이 이야기한 내용이 확인되면서 의회에서는 탄핵 절차에 들어갑니다. 탄핵이 될 것이 확실해지자 닉슨은 스스로 대통령직에서 물러나지요. 이는 권력을 사용해서 불법적인 행동을 한 대통령을 언론의 힘과 사법부, 입법부의 견제로 물러나게 한 대표적인 사례입니다.

66 언론과 99
시민 단체의 역할이 중요해

현대 사회에서는 시민 단체의 역할도 점차 커지고 있습니다. 미국에서는 남북 전쟁의 결과 노예 해방이 이루어졌지만 불과 6~70년 전까지만 해도 흑인에 대한 차별이 심했습니다. 흑인과 백인이 마시는 급수대도 분리되어 있고 학교도, 버스 좌석도 분리되어 있을 정도로 흑인들은 사회 곳곳에서 차별을 받았습니다. 심지어 투표권이 인정되지 않는 지역도 많았습니다. 이 문제를 개선하기 위해 만들어진 단체가 NAACP(전미 유색인 지위 향상 협의회)입니다.

이 단체에서 일하던 로자 파크스는 어느 날 백인에게 자리를 양보하라며 일어나라는 백인 운전기사의 부당한 요구에 맞섰다가 경찰에 체포됩니다. NAACP에서는 로자의 억울함을 널리 알리고 버스를 타지 말자는 보이콧 운동을 벌였지요. 많은 사람들이 여기에 호응하면서 이 운동은 확산되었고 마틴 루서 킹 목사가 결합하여 흑인의 평등한 권리를 요구하는 민권 운동으로 발전하게 됩니다.

결국 1956년 연방 대법원에서 흑백 분리 버스 탑승 제도가 위헌이라는 판결을 내렸고, 1964년 흑인 차별을 금지하는 '민권법'이 제정되었습니다. 시민 단체의 노력이 사람들의 권리를 크게 신장시키는 계기를 만들어 낸 것입니다.

이렇게 중요한 역할을 하는 언론, 시민 단체를 입법부, 행정부, 사법부에 이은 제4부, 제5부라고 부르기도 합니다. 공식적인 명칭은 아니지만 그만큼 민주 국가에서 중요한 역할을 담당한다는 점을 강조하는 말이지요. 우리 모두 눈을 크게 뜨고 정치에 참여하여 감시한다면 국민 한 사람 한 사람이 제6부, 제7부… 5천만의 분립된 권력이 되는 것 아니겠어요?

17

삼권은 하는 일이 다른데, 어떻게 서로 견제할까?

입법부

행정부

사법부

권력

'견제와 균형'을 여러 번 들어서 이제 알 것 같아요. 그런데 생각해 보면 서로 하는 일이 다른데 어떻게 견제를 한다는 건지 잘 이해가 안 돼요. 그리고 어른들이 '우리나라 국회 의원들은 맨날 싸움만 해서 발전이 없어'라고 말씀하시는 걸 들은 적이 있는데 이렇게 견제만 한다면 오히려 나라가 제대로 운영이 안 되는 거 아닌가요?

질문이 점점 어려워지는군요. 앞부분의 질문부터 먼저 답할게요. 입법부, 행정부, 사법부가 있으니까 서로서로 견제한다고 하면 입법부-행정부, 행정부-사법부, 입법부-사법부 이렇게 세 개의 쌍이 만들어지겠죠? 하나씩 살펴볼게요.

먼저 입법부와 행정부의 관계에서 입법부의 가장 강력한 권한은 법을 만드는 것이니까 그 법을 통해 행정부의 활동을 전체적으로 견제할 수 있어요. 그런데 행정부의 입장에서 입법부에서 만든 법이 행정부의 활동을 지나치게 제약한다거나 문제가 있다고 생각되면 대통령이 법률안을 거부하는 거부권을 행사할 수 있죠.

또 행정부가 법대로 정책을 잘 집행하고 있는지 감시하기 위해 입법부가 행정부의 국정 운영을 검토하는 국정 감사, 조사권을 행사할 수 있고, 만약 큰 문제가 있는 것으로 밝혀진다면 고위 공무원에 대해 자리에서 물러나도록 하는 탄핵 소추권을 발동할 수도 있어요.

행정부와 사법부의 관계에서는 대통령이 사법부를 대표하는 대법원의 대법관 임명권을 가지고 있어요. 또 사법부가 법률을 적용해서 내린 판결로 처벌을 받은 사람에게 사면권을 행사해서 형벌을 면제해 줄 수도 있죠. 반대로 사법부는 행정부에서 만든 명령이나 규칙이 법률에 어긋나지 않는지 검토하는 명령·규칙 심사권을 가지고 있어요.

입법부와 사법부의 관계에서 입법부는 대법원장의 임명에 동의할 권한을 가지고 있어요. 동의하지 않는다면 대법원장이 임명되지 못할 수도 있는 거죠. 이에 반해 사법부에서는 입법부가 만든 법률에 문제가 있다고 판단될 경우 헌법에 비추어 보아 법률이 잘못되었는지 검토해 달라고 헌법 재판소에 요구하는 위헌 법률 심사 제청권을 가지고 있어요.

뭔가 사슬처럼 서로 물고 물리는 관계가 되면서 되게 복잡해 보이겠지만 이런 견제의 수단들이 결국은 크게 보면 모두 법을 중심으로 이루어지고 있어요. 법을 제대로 만들었는지, 제대로 집행했는지, 제대로 적용했는지를 서로 감시하는 방식으로 견제되고 있다는 점을 기억해 두면 될 거예요.

국회 의원은 어떤 내용으로, 왜 대립할까?

저는 뒷부분의 질문이 더 인상적이었어요. 실제로 중고등학교 학생들에게 가끔 강의를 하다 보면 '국회 의원들은 맨날 싸움 박질만 하니 정말 나쁘다'라고 말하는 학생들이 많더군요. 하지만 저는 여러분이 민주주의의 본래 의도와 법이 존재하는 이유에 대해서 한번 생각해 보면 좋겠어요.

만약 권력이 한곳에 집중되어 있어 서로 다른 의견을 제시하지 않고 다툼도 없다면 훨씬 효율적으로, 빠르게 국가가 운영될 수 있을 거예요. 하지만 그렇기 때문에 사람들의 권리가 무시되고 인권이 침해될 가능성 또한 높아지죠. 소수가 희생을 해서 다수가 이득을 얻을 상황이라면 소수가 이의를 제기할 방법이 없는 상황에서 일방적으로 피해를 강요당하게 되지 않겠어요?

이성적이기로 손꼽히는 독일 사람들이 히틀러와 나치의 광기에 휩쓸려 수많은 사람들을 학살하고 전 세계를 제2차 세계 대전의 소용돌이로 몰아넣게 된 사건을 생각해 봐요. 제1차 세계 대전에서 패한 후 일단 강한 나라를 만드는 게 중요하니 반대 의견이나 문제 제기를 하지 마라, 강력한 지도자 아래 다 함께 뭉치자라는 식의 생각이 전체주의로 치닫게 되었기 때문이잖아요.

뉘른베르크법 1935년 9월 15일 나치의 뉘른베르크법이 공포됐다. 히틀러는 뉘른베르크에서 제국 의회를 소집하여, 통칭 뉘른베르크법이라 불리는 두 법안인 '독일 혈통 및 명예 보존법'과 '제국 시민법'을 통과시켰다. 전자는 유대인과 독일인의 결혼 및 성관계를 금지하는 법안이고, 후자는 유대인의 독일 시민권을 박탈하는 법안이었다. 600만 명의 유대인을 학살한 법적 근거가 바로 뉘른베르크법이었다.

물론 끝없이 다투기만 하면 제대로 되는 일이 없을 거라는 걱정은 당연한 것이지만 인류가 오랜 시행착오 끝에 발견한 '덜 나쁜 방식'은 권한이 남용되어 인권이 침해되는 것보다는 차라리 권력을 나누고 견제하게 해서 좀 비효율적이더라도 토론과 합의를 통해 차근차근 앞으로 나아가자는 것이었어요. 그 아이디어가 정치 체제로 구현된 것이

'민주주의'라고 할 수 있습니다. 국회 의원들이 맨날 싸운다고 비판하는 분들에게 반대로 묻고 싶어요. 그럼 국회 의원들이 어떤 일에도 이견을 제시하지 않고 박수만 치고 통과시킬 것이라면 국회 의원이 왜 필요하겠느냐

고요. 끊임없이 다른 의견을 제시하고 소수의 작은 목소리들을 대신 전달하는 역할이 정치인이 할 일이랍니다. 서로 의견이 대립하는 점 자체를 비판하기보다는 어떤 내용으로 왜 대립하고 있는지, 어떤 합의가 바람직할 것인지 우리도 관심을 갖고 참여하는 것이 민주 시민으로서의 올바른 자세가 아닐까요?

18

국군의 최고 통수권자가 대통령이라고?

대통령을 '국가 원수'라고도 부른다고 배웠어요. 그런데 국가 원수가 무슨 뜻인가요? 군대로 치면 대장, 혹은 옛날이라면 왕처럼 우리나라에서 가장 높은 사람이라는 뜻인가요?

'원수'라는 말이 좀 어색할 거예요. '원수는 외나무다리에서 만난다'라는 속담에 나오는 원수하고 좀 헷갈리기도 하고요. 한자로 '원수'(元首)는 으뜸 원(元), 머리 수(首), 그러니까 우리나라 최고의 우두머리라는 뜻을 가지고 있어요. 영어로도 'Head of the State'니까 비슷한 의미고요. 사실 이런 비유는 국가를 하나의 거대한 사람으로 비유할 때 몸 전체를 움직이는 머리의 역할을 하는 것이 대통령이라는 의미에서 사용된 표현이었죠.

국가를 사람에 비유하는 것은 이해하기 쉽고 얼핏 그럴 듯해 보이긴 하지만 위험한 부분이 있어요. 몸에서 손과 발, 눈과 귀와 입이 각기 다른 역할을 가지고 있듯이 사람들마다 정해진 역할이 있어서 거기에서 벗어나면 안 되고, 신체의 각 부분은 머리의 말에 일방적으로 따라야 한다는 식의 생각으로 이어질 수도 있거든요. 그래서 현대 민주주의 사회에서는 국가 원수라는 말을 '최고 지도자'라기보다는 '국가의 대표'라는 의미를 담아 사용하는 경우가 많아요.

앞서 삼권 분립에 대해서 배웠죠. 입법부를 대표하는 사람은 국회 의장, 행정부를 대표하는 사람은 대통령, 사법부를 대표하는 사람은 대법원장이에요. 삼부를 대표하는 중요한 사람이라는 의미에서 이 셋을 합쳐서 '삼부 요인'이라는 표현을 사용하기도 하죠. 삼권이 동등하니까 이 셋의 지위도 원칙적으로는 동등하다고 할 수 있어요.

그런데 만약 외국에서 중요한 손님이 오셔서 누군가 우리나라를 대표하는 입장으로 맞이해야 한다면 어떻게 할까요? 세 명이 한꺼번에 나간다면 번거롭기도 하지만 대화나 협상의 과정이 복잡하고 혼란스러워질 수 있을 거예요. 그런 경우에 대통령이 우리나라를 대표해서 나가게 되는 거죠.

혹은 대법원장이나 헌법 재판관 등 중요한 공무원들을 임명할 때도 국가를 대표해서 임명하는 권한을 대통령이 갖고 있어요. 이렇게 대통령은 행정부를 이끄는 수반(우두머리)인 동시에 국가 전체를 대표하는 국가 원수의 두 가지 지위를 동시에 가지고 있기 때문에 이중적 지위를 갖는다고 말해요.

국군 통수권은 국가 원수로서의 권한일까? 행정부 수반으로서의 권한일까?

여러분이 얼마나 이 설명을 잘 이해했는지 한번 문제를 내 볼까요? 국군을 통솔하는 권한은 대통령의 권한 가운데 행정부 수

반으로서의 권한일까요, 국가 원수로서의 권한일까요? 강의 중에 이런 질문을 던지면 많은 학생들이 '국가 원수로서의 권한'이라고 대답해요. '원수'라고 하면 지휘봉을 들고 '돌격!'이라고 외치는 장군의 이미지를 떠올려서 그런가 봐요. 하지만 국군은 어디에 소속되어 있죠? 국방부에 소속되어 있고 국방부는 행정부에 소속되어 있어요. 그래서 국군 통수권은 행정부 수반으로서의 권한이에요.

다시 한번 말하지만 현대 민주 사회에서 '국가 원수'란 우리나라를 형식적으로 대표하는 위치라는 뜻이지 옛날 왕이 그랬듯이 중요한 정책 결정을 마음대로 할 수 있는, 절대적인 권력을 가진 사람이라는 뜻이 아니에요. 그래서 국가 원수란 '우리나라에서 가장 높은 사람'이라는 표현보다는 '우리나라를 대표해서 가장 앞에 서는 사람'이라고 말하는 것이 좀 더 옳은 표현이에요. 민주 사회에서 대통령이든 일반인이든 모든 사람은 똑같은 인간으로서의 존엄성을 지니는 평등한 존재이니까요.

5장

한 걸음 더
들어가 본
입법부와 행정부,
사법부

19

국회에서 만든 법을 대통령이 거부하면?

국회

국회에서 법을 만드는 과정이 궁금해요. 어떤 과정을 통해 법이 만들어지나요? 그리고 국회 의원들만 법을 만들 수 있나요? 우리도 원하는 법이 있을 때 직접 이런 법을 만들어 달라고 요청할 수 있나요?

아주 좋은 질문이네요. 국회에서 법을 만드는 과정을 간략하게 정리한 그림을 보면서 설명드릴게요.

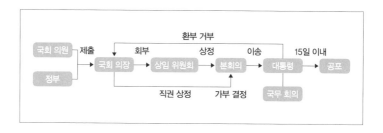

법을 만들려면 먼저 법안을 제출해야 겠죠? 법안은 국회 의원 10명 이상 또는 대통령이 제안할 수 있어요. 그런데 어떤 법안의 내용에 대해서 국회 의원 300명이 한꺼번에 토론을 한다면 제대로 검토할 수도 없고 시간도 너무 많이 걸리겠죠? 그래서 각 국회 의원들이 전문 분야별로 나뉘어 구성되어 있는 상임 위원회에 해당 법안을 회부해요. 예를 들어 도로를 만들자는 법안이라면 국토 교통 위원회에 회부되겠죠.

상임 위원회에서 법안이 통과되면 다시 국회 의원 전체가 표결에 참여하는 본회의에 상정돼요. 그런데 아주 긴급한 법안이라서 이렇게 절차를 밟기 어려운 상황이라면 국회 의장이 본회의에 법안을 직접 올리는 직권 상정을 할 수 있어요. 절차를 건너뛰는 일이니까 예외적인 경우라고 할 수 있어요.

본회의에서는 재적 의원 과반수가 출석한 상황에서 출석한 국회 의원 과반수가 찬성하면 법안이 통과돼요. 현재 우리나라의 국회 의원 수가 300명이니까 151명 이상이 출석해야 의결이 가능해지는 것이고, 이 중 절반이 넘는 사람이 찬성하면 법안이 통과가 되는 거죠.

법을 만드는 과정에서도 입법부와 행정부는 견제한다

본회의에서 법안이 통과되면 국회에서의 절차는 끝났다고 할 수 있어요. 어, 그럼 새로운 법이 탄생한 걸까요? 우리가 앞에서 살펴봤던 두 가지 내용을 다시 떠올려 봐요. 우선 우리나라를 대표하는 국가 원수로서의 권한은 대통령이 가지고 있다고 했죠? 그러니까 법이 완성되었다고 최종적으로 공포하는 역할도 대통령이 맡게 돼요. 그래서 입법부에서 통과된 법안은 일단 대통령에게 이송되고, 대통령은 15일 이내에 공포할 의무가 있죠.

그다음 입법부, 행정부, 사법부는 권력 분립을 통해 서로 견제한다고 했죠? 따라서 입법부에서 만든 법에 큰 문제가 있다고 판단될 경우 대통령은 거부권을 행사해서 법안을 다시 국회로 돌려보낼 수 있어요. 입법부로 돌려보내서 거부한다는 의미로 '환부 거부'라고 해요.

그럼 법을 못 만들게 되는 걸까요? 그렇진 않아요. 다만 대통령이 거부권을 행사할 만큼 논란의 여지가 있는 내용이니 의결 정족수를 좀 더 높여서 국회 의원 재적 과반수 출석에 출석 의원 2/3 이상의 찬성이 있으면 이번엔 대통령을 거치지 않고 곧바로 공포돼요. 그러니 대통령의 입장에서도 거부권을 신중하게 행사할 필요가 있죠.

질문 중에 우리가 원하는 법을 만들어 달라고 부탁할 수 있냐고 물었는데 법을 만드는 '입법'의 권한은 입법부인 국회의 고유 권한이에요. 국민들이 직접 법안을 내는 제도를 '국민 발안'이라고 하는데 우리나라에는 이 제도가 도입되지 않았어요. 그래서 만약 어떤 법안이 필요하다면 자신이 살고 있는 지역의 국회 의원에게 의견을 전달하거나 헌법 제26조에 보장되어 있는 국민 청원 제도를 통해 국회 의원의 소개를 받아 법안을 제출할 수 있어요.

20

국회 의원들은 죄를 지어도 감옥에 안 가나?

친구들이 그러는데 국회 의원은 죄를 지어도 감옥에 안 간대요. 그래서 마음대로 나쁜 짓을 하는 사람도 있다고 하던데 정말 그런가요? 왜 그런 거죠? 국회 의원이 높은 사람이라서 그런 건가요?

설마 그럴 리가요. 국회 의원도 국민의 한 사람인데 잘못한 일이 있으면 당연히 책임을 지고 벌을 받아야죠. 친구는 아마 국회 의원의 불체포 특권과 면책 특권 때문에 그렇게 말한 것 같아요. 다음은 우리 헌법 제44조와 제45조의 내용이에요.

> 제44조 ① 국회 의원은 현행 범인인 경우를 제외하고는 회기 중 국회의 동의 없이 체포 또는 구금되지 아니한다.
> ② 국회 의원이 회기 전에 체포 또는 구금된 때에는 현행 범인이 아닌 한 국회의 요구가 있으면 회기 중 석방된다.
> 제45조 국회 의원은 국회에서 직무상 행한 발언과 표결에 관하여 국회 외에서 책임을 지지 아니한다.

제44조가 불체포 특권이고 제45조가 면책 특권의 내용이에요. '어, 정말로 체포도 안 되고 책임도 안 지네' 하고 놀랐을 수도 있는데 이 조항들은 조금 더 자세히 들여다볼 필요가 있어요.

일단 불체포 특권의 내용을 보면 '현행 범인인 경우를 제외하고는'이라고 되어 있으니 범행 현장에서 붙잡힌 현행범이라면 체포되죠. 그리고 '회기 중'이라고 되어 있으니 불체포 특권은 회기가 열리는 중에만 적용되는 거예요. 즉 회기가 끝나면 다시 체포될 수 있죠. 또한 '국회의 동의 없이 체포 또는 구금되지 아니한다'라고 되어 있으니 반대로 해석하자면 회기 중이라도 국회에서 동의를 하면 체포할 수 있죠.

이 내용들을 종합해 보면 불체포 특권이 죄를 지은 것으로 의심되는 국회 의원을 보호하기 위한 제도라기보다는 이 국회 의원이 국회의 회의에 정상적으로 참여할 수 있도록 보장하기 위한 것임을 알 수 있어요. 만약 어떤 권력자가 자신에게 반대하는 국회 의원들을 다 체포해 버리고 자기 편 국회 의원만 남겨 놓는다면 국회가 어떻게 되겠어요? 설마 그런 일이 있겠느냐고요?

불체포 특권이 국민의 권리를 보호하는 제도라고?

6·25 전쟁이 한창이던 1952년 이승만 대통령은 자신의 뜻대로 국회를 움직이기 위해 국회 의원 50명이 타고 있는 통근 버스를 통째로 납치해서 헌병대로 끌고 간 적도 있었는걸요. 국회 의원은 국민의 대표인데 이렇게 되면 삼권 분립이 완전히 무너지고 민주적 절차가 불가능해지는 거죠. 국회 의원의 불체포 특권은 국회 의원 개인을 보호하기 위한 특권이 아니라 국민의 의사

가 제대로 정치에 반영될 수 있도록 국민의 권리를 보호하는 제도예요.

면책 특권 역시 마찬가지예요. 조항의 내용을 뜯어보면 국회 의원은 어떤 행동이든 마음대로 해도 된다는 게 아니라 장소는 '국회에서', 내용은 '직무상 행한 발언과 표결'에 대해 '국회 외에서' 책임을 지지 않는다고 되어 있죠. 그러니 국민의 의사를 대변하는 국회가 아닌 다른 곳에서 한 말이나 행동, 혹은 국회 내에서라도 직무와 무관한 발언이 문제가 되었다면 당연히 책임을 묻게 되어 있어요. 만약 국회 내에서 직무상 한 발언이라도 국회 의원으로서 문제가 되는 발언이라고 판단된다면 '국회 내에서' 윤리위원회 등 내부 기구를 통해 징계할 수 있죠.

때로 이런 면책 특권이 국회 의원들이 무책임하게 의혹을 제기하는 이른바 '~카더라' 식의 정치 공방으로 악용되어 국민들의 눈살을 찌푸리게 하는 경우도 있죠. 하지만 국민의 대표가 국회에서조차 자유롭게 문제 제기를 하지 못하게 된다면 제대로 된 토론과 합의는 불가능해지지 않을까요? 불체포 특권과 면책 특권은 국회의 독립성을 보장하고 민주적 논의 과정을 보호하기 위한 중요한 요소라는 점을 기억해 주세요.

21

대통령은
누구랑 함께
일할까
?

 국회에는 국회 의원들이 300명이나 있고 법원에도
판사들이 많은 것 같은데 행정부에서 대통령은 제일 높은 자리에 혼자 있는 거잖아요.
그럼 대통령이 행정부의 일을 혼자서 마음대로 다 결정할 수 있는 건가요?

앞에서 대통령은 국가의 원수이자 행정부의 수반이라고
설명했죠? 수반에서 '수'(首)가 '머리'라는 뜻이니까 대통령이 가
장 우두머리인 건 맞아요. 하지만 대통령이 모든 일을 다 알 수도
없고 일일이 다 결정할 수도 없으니 아주 많은 사람들이 함께 머
리를 맞대고 논의하는 과정을 거쳐요.

일단 교육부, 국방부, 기획 재정부 등 행정 각 부에는 장관들
이 있겠죠? 그리고 장관들과 함께 행정부 업무를 통괄하는 국무
총리가 있어요. 여기에 청와대에서 일하는 여러 수석들을 포함하
여 '국무 회의'가 정기적으로 열려요. 국무 회의에 참여하는 사람
들을 국무 위원이라고 부르죠.

국무 회의는 원래 의원 내각제 국가에 있는 제도인데 우리나
라에서 처음 헌법을 만들 때 의원 내각제를 염두에 두고 있다가
갑작스럽게 대통령제로 변경되는 바람에 성격이 바뀌게 되었어
요. 의원 내각제에서 국무 회의는 실제로 여러 정책들을 결정하는
'의결' 기능을 하는 기관이고, 미국과 같은 대통령제 국가에서 장
관 회의는 대통령에게 필요한 정보와 조언을 제공하는 '자문' 기
능을 해요.

우리나라의 국무 회의는 어떤 사항을 결정하는 의결 기관은 아니지만 대통령이 올바른 결정을 내릴 수 있도록 자문도 하고 또 특정 사안은 반드시 국무 회의 절차를 거치도록 되어 있기 때문에 의결과 자문의 중간 형태인 '심의 기능'을 갖는다고 말해요.

대통령은 혼자서 행정부의 일을 결정할까?

여기에 국가 운영의 중요한 사항에 대해서 대통령이 자문이 필요할 때 이에 응하기 위한 자문 기구로 국가 원로 자문 회의, 국가 안전 보장 회의, 민주 평화 통일 자문 회의, 국민 경제 자문 회의 등을 둘 수 있죠.

또한 국가 운영에서 혹시 잘못된 곳은 없는지 꼼꼼히 따지기 위해 대통령 직속으로 감사원을 둬요. 국가에서 거둬들이고 사용한 세금에 대한 회계 검사와 공무원이 혹시 부정부패를 저지르지 않는지 직무를 감찰하는 기능을 하기 때문에 '감찰 + 검사'라는 의미로 '감사원'이라고 부르죠.

겉으로 보기엔 대통령이 혼자서 국정을 운영하는 것처럼 보이지만 숨은 커튼 뒤에는 이렇게 많은 사람들과 기관들이 소리 없이 움직이고 있답니다.

법원에도 여러 가지 종류가 있다고?

22

대한민국 법원

대법원
●●고등 법원 ○
●●행정 법원 ○
●●가정 법원 ○
●●지방 법원 ○
●●특허 법원 ○
●●●법원 ○

3 4 5 »

아휴, 행정부도 복잡하네요. 그런데 사법부도 못지않게 골치 아픈 것 같아요. 저는 그냥 다 똑같은 법원인 줄 알았더니 법원에도 여러 가지 종류가 있다고 하더라고요. 사회 수업 시간에 배우긴 했는데 너무 복잡해서 이해가 잘 안 됐어요. 다시 한번 설명해 주세요.

다시 설명해도 복잡할 것 같은데, 어쩌죠?^^ 최대한 천천히, 간략하게 설명할 테니 귀를 기울여 주세요. 일단 법원 중에서 가장 높은 법원은 대법원이에요. 대법원장과 13명의 대법관, 그러니까 총 14명의 대법관으로 구성되어 있는 곳이죠.

대법원 이외의 법원들은 모두 합쳐서 '각급 법원'이라고 부르는데 각급 법원에는 우선 지방 법원과 고등 법원이 있어요. 지방 법원-고등 법원-대법원으로 이어지는 '삼심 제도'를 구성하는 곳인데 삼심 제도는 다음 장에서 좀 더 자세하게 설명할게요.

고등 법원은 현재 전국 5곳에, 지방 법원은 13곳에 있어요. 그런데 지방 법원이 있는 곳도 관할 구역이 넓은 경우 사람들이 찾아오기 불편하거나 너무 많은 사건들이 몰릴 수 있잖아요. 그래서 지방 법원 아래에 다시 지원을 둘 수 있어요.

여기까지 이해가 됐나요? 그런데 이번엔 재판의 단계나 지역이 문제가 아니라 사건 자체가 좀 특수해서 전문성을 갖춘 별도의 법원에서 다루는 것이 필요한 경우가 있어요. 이를 '특수 법원'이라고 하는데 가정 문제와 소년 문제를 주로 다루는 가정 법원, 행정 기관에 관련된 소송들을 다루는 행정 법원, 특허에 관련된 문제를 다루는 특허 법원이 있죠. 가정 법원, 행정 법원은 지방 법원과 동급인데 특허 법원은 고등 법원과 동급이라는 점에서 약간 차이가 있어요.

군인들은 어디서 재판을 받을까?

이 법원들이 일반인들을 대상으로 하는 법원이라면 일반인이 아닌 사람, 즉 군인들에게는 군법이 적용되기 때문에 법원도 따로 구성돼요. 이를 특별 법원이라고 하는데 군인들의 경우는 군법 회의를 통해 재판을 받게 되죠. 보통 군법 회의와 고등 군법 회의의 두 단계로 재판을 받게 되는데 군인들 역시 우리나라 국민이기 때문에 억울하다고 생각해서 상고를 할 경우 최종심은 일반인과 마찬가지로 대법원에서 받을 수 있어요.

다시 정리하자면 심급에 따라 일반 법원인 지방 법원, 고등 법원, 대법원 / 사건의 종류에 따라 특수 법원인 가정 법원, 행정 법원, 특허 법원 / 군인인 경우 특별 법원인 군법 회의, 이렇게 나누어진다고 기억해 두면 될 거예요.

23

대법원과 헌법 재판소는 어디가 더 높을까?

어, 그런데 교수님 설명을 듣다 보니 헌법 재판소가 빠졌네요. 헌법 재판소는 법원이 아닌가요? 그럼 대법원과 헌법 재판소 중 어디가 더 높아요? 헌법 재판소는 어떤 일을 하는 곳이죠?

제가 학생들에게 가장 자주 받는 질문 중 하나가 나왔네요. 우리나라의 현행 헌법을 들여다보면 제5장이 법원이고 제6장이 헌법 재판소입니다. 즉 이 둘은 헌법상 별개의 기관입니다. 어디가 더 높으냐, 어디가 더 세냐고 묻는 학생들이 많은데 높고 낮고가 있는 것이 아니라 두 기관은 맡은 업무가 다른 곳입니다.

법원은 여러분이 잘 알다시피 재판을 하는 곳이죠. 이에 비해 헌법 재판소는 재판의 근거가 되는 법률이 헌법에 비추어 옳은지의 여부를 따지는 곳입니다.

예를 들어 2008년 시민들이 야간에 촛불 시위를 하는 것에 대해 집회 및 시위에 관한 법률 제10조에 '해가 뜨기 전이나 해가 진 후에는 옥외 집회 또는 시위를 하여서는 아니 된다'는 내용이 있었기 때문에 법에 따르자면 촛불 시위에 참여한 사람들은 모두 처벌을 받을 상황이 되었습니다.

하지만 야간이라고 해서 집회를 무조건 금지하는 것은 헌법상 보장된 국민의 집회의 자유를 침해하는 것이라는 반론이 제기되었어요. 따라서 사건을 담당했던 재판부에서는 헌법 재판소에 이 법률이 헌법에 어긋나는지 판단해 달라고 요청했습니다.

헌법 재판소에서는 이듬해인 2009년 야간 집회 금지 조항이 헌법에 보장된 국민의 기본권을 침해한다는 헌법 불합치 결정을 내렸어요. 법원에서는 이 결정을 바탕으로 촛불 시위 관련자들에게 무죄 판결을 내렸지요. 이후로 우리는 자유롭게 촛불 집회를 열고 참여할 수 있게 되었습니다. 헌법 재판소의 이런 권한을 '위헌 법률 심판'이라고 하는데 헌법 재판소의 가장 중요한 권한이라고 할 수 있습니다. 이제 법원과 헌법 재판소의 역할이 어떻게 다른지 알겠죠?

위헌 법률 심판은 법원이 제청하도록 되어 있지만 국민들이 직접 헌법상 보장된 자신의 권리 침해에 대해 헌법 재판소에 심판을 청구할 수도 있습니다. 이를 '헌법 소원'이라고 합니다.

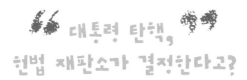

대통령 탄핵, 헌법 재판소가 결정한다고?

또한 2016년에서 2017년에 걸쳐 우리나라를 뜨겁게 달구었던 대통령 탄핵 사건과 같이 고위 공무원의 탄핵 사건에서 최종적인 심판을 맡는 탄핵 심판권, 민주적 기본 질서에 어긋나는 정당의 해산을 판단하는 정당 해산 심판권, 국가 기관이나 지방 자치단체 간의 권한에 다툼이 있을 때 이를 판단하는 권한 쟁의 심판권 등도 헌법 재판소의 권한입니다.

헌법 재판소는 9인의 헌법 재판관으로 구성되어 위헌 법률 심판, 탄핵 심판, 정당 해산 심판, 권한 쟁의 심판, 헌법 소원 심판 등 다섯 가지 심판을 맡고 있습니다. 대부분의 심판들이 법원이나 다른 절차들을 먼저 거치고 난 후 헌법 재판소에서 최종적으로 판단을 내리게 되는 구조이다 보니 헌법 재판소가 제일 높다고 생각하기 쉬운데, 앞서 이야기한 것처럼 높고 낮고의 문제라기보다는 역할의 차이라고 이해해 주세요.

헌법 재판소는 이렇게 우리 사회의 첨예한 갈등을 최종적으로 마무리하고 봉합하는 역할을 맡고 있기 때문에 정말 중요한 헌법 기관 중 하나랍니다. 여러분에게는 헌법 재판소가 참 멀리 있는 곳, 우리 삶과 직접 상관은 없는 곳으로 느껴지기 쉽지만 헌법 재판소의 결정은 우리의 일상생활에도 큰 영향을 미쳐요. 대표적인 사례 한 가지를 조금 자세히 이야기할게요.

여러분은 음악 듣는 것 참 좋아하죠? 요즘 우리나라의 대중음악은 다양한 장르에서 창의성과 높은 완성도를 보여 전 세계적으로 '한류'라는 이름으로 수출될 만큼 수준을 인정받고 있어요.

헌법 재판관 헌법 재판소는 법관의 자격을 가진 9인의 재판관으로 구성되며, 대통령과 국회 및 대법원장이 각각 3인씩 선임한다. 헌법 재판소의 장은 국회의 동의를 얻어 재판관 중에서 대통령이 임명한다. 재판관의 임기는 6년이고, 법률이 정하는 바에 따라 연임할 수 있다.

하지만 불과 20여 년 전까지만 해도 가수들이 노래를 발표하기 위해서는 사전에 정부 기관인 공연 윤리 위원회라는 곳에 가사를 제출해서 허락을 받아야만 앨범을 만들 수 있도록 하는 사전 심의 제도가 있었어요. 영화도 먼저 검사를 받아서 통과를 받아야만 극장에서 개봉할 수 있었는데 일종의 검열이라고 할 수 있죠.

가수이자 작곡자인 정태춘 씨는 자신의 데뷔 앨범에 수록된 '시인의 마을'이라는 노래 중 '나는 고독의 친구 방황의 친구'라는 가사가 공연 윤리 위원회에서 '사람들의 방랑벽을 자극하므로 부적절하다'는 황당한 이유로 금지곡 처분을 받자 이런 잘못된 제도는 고쳐야 한다고 생각하게 돼요. 다른 사람들은 금지곡 처분을 받으면 그냥 그 곡을 빼거나 문제가 된 부분을 수정해서 다시 심사를 받거나 하면서 고개를 숙였어요. 하지만 이런 검열은 헌법상 표현의 자유를 심각하게 침해하는 잘못일 뿐 아니라 창작 단계에서부터 '이런 내용은 걸리지 않을까?'라고 창작자들을 위축 시키는 일이거든요.

그런데 1990년 '음반 및 비디오물에 관한 법률' 정부 개정안에서조차 검열 제도를 그대로 유지시키는 방향으로 법이 만들어지자 정태춘 씨는 이 잘못된 법을 고치는 데 온몸을 바치기로 마음먹고 검열제 철폐 운동을 벌여요. 한편, 일부러 사전 심의 결과를 무시한 불법 음반을 만들어 배포하고요. 자칫하면 처벌을 받을 수 있는 위험한 일이었지만 이렇게 해야 많은 사람들이 검열 문제에 관심을 갖게 될 뿐 아니라 법원에서 재판이 이루어져야 헌법 재판소에 위헌 법률 심사를 요청할 수 있기 때문이었어요.

예상대로 정태춘 씨는 1994년에 기소가 되었고 재판 과정에서 위헌 법률 심판을 제청하게 되었어요. 이에 대해 헌법 재판소에서는 신중한 검토와 심리를 거쳐 1996년 10월 31일 헌법 재판관 전원의 일치된 의견으로 위헌 결정을 내렸어요. 이에 따라 더 이상 우리나라에서는 음반과 비디오물에 대한 사전 검열이 불가능해지게 되었지요.

2000년대 이후 우리나라의 대중문화가 '한류'라는 이름으로 전 세계로 수출될 만큼 성장한 데에는 분명 이 검열 폐지 결정을 통해 창작자들의 자유가 크게 확장된 부분이 영향을 미쳤을 거라고 생각해요. 우리는 정태춘 씨의 용기와 노력, 그리고 희생에 의해 바뀐 법 제도하에서 더 나은 삶을 살아가고 있는 것이고요.

헌법 재판소가 우리의 삶에 미치는 영향, 그리고 그렇게 헌법 재판소가 기능할 수 있도록 옳은 일을 위해 꿋꿋이 싸워 나간 사람들의 노력을 꼭 기억해 주었으면 해요.

24

탄핵은 누가, 어떻게 할까?

공무원

헌법 재판소의 권한 중 하나가 탄핵 심판이라고 하셨잖아요? 안 그래도 탄핵이 뭔지 궁금했었어요. 2017년에는 우리나라 역사상 최초로 대통령이 탄핵되는 일도 있어서 여기저기서 탄핵에 대한 이야기를 많이 들었는데 그게 정확히 뭔지는 잘 모르겠더라고요. 탄핵이란 뭐고 어떤 경우에 탄핵이 되는 거죠?

질문이 여러 가지네요. 하나씩 생각해 보죠. 일단 '탄핵'(彈劾)은 튕길 탄, 꾸짖을 핵이라는 한자로 구성되어 있어요. 한자 그대로 풀자면 '꾸짖어서 내쫓다' 정도의 뜻이 되겠네요. 공무원은 정치적으로 중립을 지킬 수 있도록 신분을 보장해 주지만, 당연히 법을 어기거나 잘못을 저지른 경우에는 책임을 물어 처벌되고 심하면 파면될 수도 있어요. 하지만 아주 높은 자리에 있는 공무원이라면 누가 그 사람에게 책임을 묻고 쫓아낼 수 있겠어요? 그래서 대통령이나 국무총리 등 행정부의 고급 공무원이나 법관 등의 경우 중대한 위법 사항이 있다면 쫓아낼 수 있도록 한 제도가 바로 탄핵 제도예요.

탄핵 절차는 국민의 대표 기관인 국회에서 시작되는데 재적 의원 1/3 이상의 찬성으로 탄핵 소추안을 발의할 수 있도록 되어 있어요. 이 안은 국회 본회의에서 표결을 거치게 되는데 재적 의원 과반수의 찬성이 있으면 통과가 되고, 예외적으로 대통령 탄핵은 좀 더 엄격하게 판단해야 하므로 재적 의원 2/3 이상의 찬성이 있어야 해요. 이렇게 국회에서 탄핵 소추안이 가결되면 최종적인 탄핵 심판권을 가진 헌법 재판소로 넘어가게 되는데 헌법 재판관 9인 중 6인 이상의 찬성이 있으면 탄핵이 결정되죠.

쉽게 배우는 인용, 기각, 각하의 뜻

그런데 이 과정에서 인용, 기각, 각하라는 표현이 사용돼요. 이건 탄핵 심판에만 사용되는 말이 아니고 재판 전체에 일반적으로 사용되는 말이니까 잘 기억해 두면 좋아요. 우리는 흔히 재판을 스포츠 경기처럼 생각해서 누가 이겼다 혹은 졌다고 보고 승소, 패소라는 표현을 사용하는 경우가 많아요(여기서 '소'는 재판, 즉 '소송'을 의미하는 거예요). 하지만 법적으로 엄밀히 생각해 보자면 재판은 어떤 사람이 법원에 주장을 제기하고, 법원에서는 그 주장이 맞는지 잘못됐는지, 근거가 있는지 없는지를 판단하는 과정이에요.

예를 들어 내가 어떤 사람에게 손해 배상 청구 소송을 했다면 '저 사람이 나에게 손해를 끼쳤으니 돈을 물어내야 합니다'라고 주장하는 것이고(원래 고소를 제기한 사람이라는 뜻으로 '원고'라고 불러요. 돈을 물어내야 할 입장에 있는 사람은 고소를 당한 사람이니 '피고'가 되죠.) 법원에서는 그 사람의 주장을 인정해서 받아들일지(인용), 주장에 근거가 부족하거나 이유가 없으니 받아들이지 않고 거절할지(기각) 결정하는 게 '판결'이 되는 거죠. 다시 말하자면 재판 결과 인용 판결이 내려졌다면 원고 승소, 피고 패소가 되는 거고 기각 판결이 내려졌다면 원고 패소, 피고 승소가 되는 거예요.

'각하'는 자신이 피해자도 아니면서 손해 배상을 청구하는 등 애초에 재판 당사자의 자격이 없거나 절차를 지키지 않는 등 문제가 있으면 주장 자체를 따져 보지 않고 곧바로 재판 대상에서 떨어뜨려 버리는 거예요. 원고의 주장도 당연히 안 받아들여지겠죠.

탄핵의 경우 탄핵 소추안을 제출한 곳이 국회니까 헌법 재판소가 '인용'을 한다는 것은 국회의 탄핵 소추안을 받아들여 탄핵을 결정한다는 것이고, '기각'은 탄핵 근거가 부족하거나 이유가 합당하지 않아 받아들이지 않는 것, '각하'는 탄핵 소추안 제출 과정에 문제가 있어서 아예 심판을 진행하지 않는 것입니다. 말은 어렵지만 하나하나 생각해 보니 그리 복잡하지 않죠?

6장

판사, 검사,
변호사의
세계

25

판사와 검사, 변호사는 어떻게 다를까?

너무 유치한 질문이라고 하실까 봐 질문할까 말까 고민했는데 정확하게 잘 모르겠어서 용기를 내서 여쭤 보려고요. 법조인에는 판사, 검사, 변호사가 있다고 하잖아요. 그런데 이 셋이 어떻게 다른 거죠?

모르는 게 있으면 당연히 물어보고 배우는 게 훌륭한 거죠. 좋은 질문이에요. 흔히 법에 관련된 일을 하는 전문가들을 '법조인'이라고 부르는데 크게 보자면 판사, 검사, 변호사가 있어요. 설명은 순서를 뒤집어서 변호사부터 할게요.

앞 장에서 인용, 기각, 각하를 설명하면서 재판은 어떤 사람이 주장을 펼치면 그걸 받아들여서 인정할 것인지 말 것인지를 결정하는 것이라고 했죠? 이런 주장을 더 잘 펼치려면 당연히 법에 대해서 잘 아는 전문가의 도움을 받는 게 좋겠죠? 이렇게 변호사가 대신 소송하는 것을 '소송 대리'라고 해요.

또 만약 내가 형사 사건에서 범죄를 저지른 것으로 의심받는 피의자라거나 소송이 제기된 피고인이라면 나를 대신해서 주장을 펴고 보호해 주는 '변호인'도 필요할 거예요.

직접 소송과 관련된 일이 아니더라도 회사에서 법에 어긋나는 일이 없는지 살피고 조언을 제공하는 법률 자문의 역할이나 부동산 거래, 유언장 등 각종 법률 서류들을 작성하는 등의 업무들이 모두 변호사의 역할이에요. 업무의 영역으로 보자면 가장 다양한 일을 한다고 볼 수 있죠.

변호사는 직접 사무실을 차려 개업하는 경우가 많지만, 아예 어떤 회사에 소속되어서 그 회사의 직원이 되어 법률에 관한 다양한 업무를 담당하는 사내 변호사도 있어요. 또 여러 변호사들이 모여 회사처럼 운영되는 대형 법률 사무소를 '로펌'이라고 부르기도 하죠.

검사는 행정부, 판사는 사법부 공무원

검사는 검찰에 소속된 공무원이라는 점에서 변호사와 차이가 있어요. 다음 장 형법 부분에서 조금 더 자세히 설명하겠지만 형사 사건은 형법을 어겨서 사회 질서를 어지럽힌 사람에 대해 국가가 처벌하는 것인데 이때 국가를 대표해서 소송을 제기하는 원고의 역할을 담당하는 것이 검사입니다.

검사는 경찰을 지휘하여 피의자를 수사하고, 기소를 할 것인지 말 것인지를 결정하며, 기소가 이루어진 경우 재판이 마무리될 때까지 공소를 유지하는 역할을 맡고 있기 때문에 범죄자를 체포하여 처벌에 이르기까지의 거의 모든 과정에 관여한다고 할 수 있어요. 그래서 범죄 사건을 다룬 드라마나 영화에 검사가 자주 등장하는 거죠.

검찰청은 법무부 소속이고 법무부는 행정부에 속해 있으므로 검사는 행정부 소속입니다. 이에 비해 판사는 사법부 소속이라는 점에서 큰 차이가 있습니다. 즉 삼권 분립에 의해 행정부로부터 독립되어 있는 사법부에서 재판을 담당하고 있기 때문에 행정부의 영향을 받지 않고 법과 양심에 따라 판결을 내릴 수 있는 거죠. 이 부분이 학생들이 흔히 착각하는 부분이에요. 검사나 판사나 다 같은 공무원이니 결국 마찬가지 아니냐고 묻는 학생들이 많거든요.

판사는 검사와 분리되어 있는 사법부 소속으로 검사와 피고인 어느 쪽에도 치우치지 않고 공정하게 판단을 내리는 중립적인 판단자의 역할을 담당한다는 점을 꼭 기억해 두세요.

26

재판을 왜 세 번씩이나 하는 걸까?

저는 아직 한 번도 재판을 구경해 본 적이 없지만 재판이라는 말만 들어도 왠지 위축돼요. 그런데 한 번 하는 것도 어려운 재판을 왜 세 번씩이나 하는 건지 잘 모르겠어요. 어차피 법에 따라 판결이 내려지는 거라면 처음에 판단을 잘 내리면 되는 것 아닌가요?

사실 일반인들의 경우 법률 분쟁이 발생하면 재판을 준비하고 참여하는 일보다도 재판이 길어지는 것이 가장 고통스러운 일이라고 해요. 경제적으로도 비용이 많이 들어가지만 무엇보다 심리적으로 불안한 상황이 이어지니까요. 그래서 가능하면 재판 과정이 빠르게 진행되는 것이 국민들을 위한 것이에요. 이를 위해 우리나라에서도 여러 절차들을 간소화하거나 전산화해서 재판 진행 속도를 높이려고 노력하고 있어요.

하지만 빠른 재판보다 더 중요한 것은 정확한 사실 관계의 파악을 바탕으로 한 공정한 판결일 거예요. 재판 결과는 당사자들의 재산과 신체적 자유 심지어 생명까지 좌우하는 커다란 일이니까요. 법조인들은 모두 공정한 재판을 위해 최선을 다하지만 아무리 노력한다 해도 사람이 하는 일이니 실수도 있을 수 있고, 미처 사실을 밝혀내지 못하거나 잘못된 판단을 내릴 수도 있잖아요? 그런 오류로 인해 국민들의 기본권이 침해되는 일을 최소화하기 위해 같은 사건에 대해 세 번까지 재판을 할 수 있는 기회를 부여하는 거예요. 이것을 삼심 제도라고 하지요.

2017년에 개봉된 영화 〈재심〉은 이렇게 잘못된 재판으로 고통받던 사람이 거듭된 재판을 통해 누명을 벗고 무죄를 선고받은 실제 사건을 모델로 하고 있어요. 2000년 익산 약촌 오거리에서 발생한 택시 기사 피살 사건의 용의자로 체포된 16세 청소년이 1심에서는 15년 형, 2심에서는 10년 형을 선고받아 복역하던 중이었어요. 이 사건을 알게 된 한 변호사의 노력으로 2013년 재심이 청구되었지요. 결국 다시 재판을 한 끝에 허위 자백을 강요받았을 가능성이 높다는 이유로 무죄를 선고받게 돼요. 여러 차례 재판을 받을 기회가 법적으로 보장되지 못한다면 이렇게 뒤늦게라도 억울함을 푸는 것은 불가능했을 거예요.

공정한 재판을 위한 삼심 제도

일반적으로 재판의 세 단계는 지방 법원 - 고등 법원 - 대법원으로 이루어져 있어요. 법원이 지방 법원 - 고등 법원 - 대법원의 급으로 나누어져 있는 것을 '심급 제도'라고 해요. 지방 법원의 판결에 불복하여 고등 법원에 판단을 요청하는 것을 '항소', 다시 고

재심 재심은 확정된 판결에 대하여 사실 인정에 중대한 오류가 있는 경우에 당사자 및 기타 청구권자의 청구에 의하여 그 판결을 다시 심리하는 비상수단적인 구제 방법이다.

등 법원에서 대법원으로 올리는 것을 '상고'라고 해요. 그리고 이와는 별개로 판결이 아닌 법원의 결정이나 명령에 불복하는 경우는 항고, 재항고라고 하지요. 이렇게 여러 번 판단을 요청하는 제도들을 통틀어서 '상소 제도'라고 부릅니다.

주의할 것은 재판의 순서가 늘 지방 법원 – 고등 법원 – 대법원으로 이루어지는 것은 아니라는 점이에요. 경미한 사건의 경우 지방 법원 단독부(판사 1명) – 지방 법원 합의부(판사 3명) – 대법원으로 가는 경우도 있어요.

또 특허 재판은 2심제를 택하고, 선거 재판은 단심 재판으로 처리하는 등 재판의 종류에 따라 예외가 있다는 점도 기억해 두세요. 우리가 앞 장에서 배웠던 헌법 재판소의 탄핵 심판도 단심제라서 일단 헌법 재판소가 탄핵을 인용하고 나면 재심을 청구할 수 없답니다.

27

악한을 도와주는 변호사는 나쁜 사람인가?

그는
결백합니다!

가끔 영화에서 보면 악당이 처벌받지 않도록 도와주는 변호사가 나오잖아요. 너무 얄밉고 악당보다 더 미워요. 자기가 돈 벌려고 나쁜 사람을 도와주다니 그러면 변호사도 나쁜 사람 아닌가요? 어떻게 악당을 변호할 수 있죠?

갑자기 너무 날카로운 질문을 해서 당황했어요. 사실 그 부분은 인류 역사에서 아주 오랜 논쟁거리 중 하나랍니다. 변호사가 정말로 이 사람이 무죄라고 생각해서 그걸 증명하려고 노력하는 것은 당연한 일이죠. 하지만 그 사람이 죄를 지었다는 것을 변호사 자신도 알고 있다면 어떻게 그걸 변호할 수 있나, 악당을 변호해서 벌을 받지 않게 해 주는 사람은 결국 법 제도의 허점을 이용해서 돈을 버는 셈이니 똑같은 악당 아니냐는 비판이죠.

실제로 조선 시대에는 변호사와 비슷한 역할을 하던 '외지부'라는 사람들에 대해 소송을 조장하고 그런 다툼을 통해 돈을 벌려고 하는 나쁜 사람들이라는 인식이 있어서 배척하거나 심지어 처벌하는 경우도 있었습니다.

하지만 몇 가지 생각해 볼 부분이 있습니다. 먼저 그 사람이 '악당'이라는 것은 어떻게 알 수 있죠? 우리가 살아가고 있는 법치주의 사회에서는 재판을 통해 최종적으로 '유죄' 판결이 나야 비로소 그 사람에게 죄가 있다고 할 수 있어요. 그마저도 인간이 하는 일이니 어떤 실수가 있을지 알 수 없고요. 그러니 재판 과정에서 어떤 사람이 악당인지 아닌지는 아무도 말할 수 없답니다.

모든 이의 권리를 보장해 주는 법치주의

또한 실제로 그 사람이 잘못을 저질렀더라도 여전히 자신의 입장을 설명하고 방어할 권리는 법적으로 보장되어야 합니다. 이런 정당한 권리의 행사를 돕는 변호사의 활동 역시 법에 정해진 절차를 따르는 한 자신의 역할을 충실히 이행하는 것으로 인정되어야 하죠. 프랑스의 철학자 볼테르가 관용에 대해 설명하면서 이런 말을 했습니다.

"나는 당신의 말에 동의하지 않는다. 그러나 당신이 그런 말을 할 권리를 내 목숨을 걸고 지켜 줄 것이다."

우리의 민주주의와 법치주의가 위대한 이유는 어떤 사람이든 편견을 가지지 않고 공정하게 모든 이의 권리를 보장해 주기 때문입니다. 우리의 권리를 지키기 위해서는 당연히 다른 사람의 권리도 똑같이 존중해 주어야 하지요. 그가 비록 내가 싫어하는 나쁜 사람이라 할지라도 말이죠.

물론 변호사 역시 인간이기 때문에 어떤 사람이 정말 악당이라는 것을 알게 되었고 그래서 더 이상 변호를 하고 싶지 않다면 얼마든지 그만둘 수 있습니다. 다만 이 경우 변호하는 과정에서 알게 된 의뢰인에 관한 정보를 검찰에 알려 주거나 증언할 수 없다는 '의뢰인 비밀 보호' 관련 윤리 규정이 있어요. 그래야 의뢰인이 변호사를 믿고 솔직하게 모든 이야기를 할 수 있기 때문이죠.

하지만 이런 규정 때문에 미국에서는 자신의 의뢰인이 살인자라는 것을 변호사들이 알고 있었지만 신고를 하지 않는 바람에 엉뚱한 사람이 26년간이나 억울한 옥살이를 하는 사건도 있었습니다. 여러분이 이 변호사의 입장이었다면 어떻게 했을까요? 변호사의 윤리 규정을 어기고 변호사 자격증을 박탈당하는 일이 있더라도 사실을 알렸을까요? 아니면 이 변호사들처럼 윤리 규정에 따라 끝까지 침묵을 지켰을까요?

28

판사가 아닌데도 판결에 참여할 수 있다고?

국민 참여 재판

영화나 드라마를 보면 법정에서 검사와 변호사가 치열하게 공방을 벌이고 증거를 들이대서 반전을 만드는 그런 멋진 장면들이 나오잖아요? 그래서 재판을 구경하러 가고 싶은데 아무나 구경하러 가도 되나요?

그럼요, 당연히 여러분도 재판을 보러 갈 수 있어요. 민주 국가에서는 공명정대하게 재판을 하기 위해서 재판의 과정과 결과까지를 투명하게 공개하죠. 누구나 방청석에서 재판을 지켜볼 수 있게 하는 것이 원칙이에요. 이런 원칙을 '공개 재판주의'라고 하죠.

예외적으로 방청이 제한되는 사건들도 있어요. 성폭력 사건이나 이혼 재판 등 사생활 침해의 우려가 있는 경우는 아무나 들어와서 보게 하면 안 되겠죠? 2011년에 우리나라 배를 납치했다가 체포된 소말리아 해적들을 재판할 때는 테러 우려가 있으므로 신분 확인을 통해 방청권을 받은 사람만 방청할 수 있도록 했죠.

저는 대학에서 강의를 할 때 학생들에게 가능하면 법원에 가서 한 번쯤 방청을 해 보라고 권해요. 짧은 순간이지만 아주 강렬한 경험이라서 법에 대해서, 재판에 대해서, 혹은 우리가 살아가는 인생에 대해서 여러 가지 생각을 하게 해 주거든요. 하지만 영화나 드라마에서 나오는 것처럼 치열하게 공방이 오고가는 모습을 기대하면 실망할 수도 있어요. 대개의 사건들은 그렇게 드라마틱하지 않을뿐더러 사건 자체가 많다 보니 짧게 끝나는 경우가 많거든요. 또 혹시 방청을 하게 되면 음식물 소지, 사진 촬영, 잡담 등으로 재판을 방해하는 일은 절대로 없어야 한다는 기본 예의는 꼭 기억하시고요.

20세 이상이면 누구나 배심원이 될 수 있다고?

'국민 참여 재판 제도'에 대해서 들어 본 적이 있나요? 국민들이 좀 더 재판 과정에 적극적으로 참여할 기회를 제공해서 사법 제도에 대한 신뢰를 높이려는 목적으로 2008년부터 시행된 제도입니다. 미국 영화의 법정 장면에서 자주 나오는 것처럼 일반인들이 배심원으로 재판 과정에 직접 참여하는 거죠.

법에 대한 지식이 없는데 어떻게 판단을 내릴 수 있을까 의아해하는 학생들도 있는데 원칙적으로 배심원들은 사건에 관련된 여러 사실들을 듣고 유죄인지 무죄인지의 여부만 판단해요. 법률적 지식이 필요한 형을 정하는 부분('양형'이라고 해요)은 판사가 담당하는 것이 일반적이에요. 즉 우리 사회 구성원들의 상식을 통해 유무죄를 가리겠다는 것이 취지죠.

미국식 배심원 제도와 우리나라의 국민 참여 재판이 다른 점은 우리나라는 헌법상 법관에 의한 재판을 받을 권리가 있기 때문에 배심원들이 직접 유무죄를 가리는 것이 아니라 배심원들이 판단한 내용을 판사에게 전달해서 판사가 참고하여 최종적 판단을 내리도록 한다는 것이죠. 이를 '권고적 효력'이라고 합니다.

국민 참여 재판의 배심원은 만 20세 이상의 국민 중 무작위로 배당을 하는 방식이에요. 배심원 참여 요청서가 왔을 때 특별한 사유가 있다면 불출석 사유서를 제출하면 되지만 특별한 사유 없이 불출석할 경우 상당한 액수의 벌금이 부과될 수 있어요.

아직 국민 참여 재판이 활성화되지 않아서 우리 주변에서 그리 흔히 볼 수는 없는 상황이지만 점점 확대되고 있는 추세입니다. 여러분이 성인이 되면 어느 날 배심원으로 참여해 달라는 통지를 받을 수도 있어요. 일생에 다시 오지 않을 기회일 수 있으니 꼭 참여해서 우리 사회의 주인으로서 긍지를 느껴 보는 좋은 추억을 만들기 바랍니다.

29

법조인이 되려면 로스쿨에 가야 한다고?

LEET

LAWSCHOOL

변호사 시험

저는 법조인이 되는 게 꿈이에요. 검사가 되어서 부정부패를 저지르는 나쁜 사람들을 처벌해서 우리 사회를 건강하게 만드는 멋진 사람이 될 거예요. 그런데 법조인이 되려면 어떻게 해야 하나요? 전 성적이 아주 좋은 편은 아닌데 그러면 법조인이 될 수 없는 건가요?

판사, 검사, 변호사와 같은 법조인은 사회에 큰 영향을 미칠 수 있는 전문가이기 때문에 국가에서 시험을 봐서 통과한 사람에게만 자격을 줘요. 아마 '사법 시험'이라는 말을 들어 봤을 거예요. 하지만 사법 시험은 2017년을 마지막으로 폐지되고 2018년부터는 법학 전문 대학원(로스쿨)에 진학하여 3년간 공부를 하고 석사 학위를 받은 사람만 변호사 시험에 응시할 자격이 주어져요.

일단 '대학원'이니까 그 전에 4년제 대학을 먼저 졸업해야 되겠죠? 꼭 법 관련된 학과를 졸업해야 하는 건 아니고 어떤 학과든 4년제 졸업 혹은 그와 동등한 학력을 지녔으면 법학 적성 시험(LEET)을 거쳐 법학 전문 대학원에 진학할 수 있어요. 졸업 후 변호사 시험에 합격하면 변호사 자격을 얻는 건데, 학생처럼 검사가 되고 싶다면 별도로 법무부에서 주관하는 검사 임용 시험에 합격해야 해요. 판사가 되는 건 조금 더 복잡해져서 일정 수준 이상의 경력을 쌓은 후 대법원에서 주관하는 임용 시험에 합격해야 판사가 될 수 있어요.

시험이 참 많죠? 앞서 이야기한 것처럼 사회적으로 큰 영향력을 끼칠 수 있는 일이다 보니 까다롭게 선발하는 측면이 있어요. 그래서 질문한 학생처럼 '나도 될 수 있을까?' 걱정하고 위축되는 경우가 많더라고요. 당연히 성적이 나빠도 누구나 될 수 있다고 말할 수는 없을 거예요. 하지만 성적보다 더 중요한 부분이 있다는 점은 꼭 강조하고 싶어요.

정의의 수호자 법조인이 되고 싶어

애초에 사법 시험을 법학 전문 대학원 체제로 전환한 것도 성적만 좋은 사람을 뽑을 것이 아니라 다양한 전공과 경험을 가진 사람들이 법조인이 되어야 국민들이 더 좋은 법률 서비스를 받을 수 있다는 취지에 많은 사람들이 공감한 결과였어요. 그래서 법학 적성 시험의 경우 문제 풀이 능력보다는 말 그대로 '적성'을 중요하게 보죠. 판사를 시험 성적에 따라 바로 임용하지 않고 경력이 있는 사람들 중에서 신중하게 뽑는 것으로 제도를 바꾼 이유도 여기에 있고요.

법학 전문 대학원에 진학한 후 많은 시험들을 거쳐야 해요. 당연히 좋은 성적을 거두어야 경쟁에서 이길 수 있겠지만 그렇게 멀고 험한 길을 가는 데 가장 중요한 것은 단순히 머리가 좋고 나뿜의 문제가 아니라 자신이 얼마나 법조인이 되고자 하는 의지가 강한가, 열정을 가지고 최선을 다해 꾸준히 노력하는가의 문제라고 생각해요. 그러니 '우리 사회를 지키는 정의의 수호자가 되겠다!'는 강한 의지를 가지고 있는 것만으로도 질문한 학생은 충분한 자격을 갖추고 있다고 생각해요. 부디 그 마음 잊지 말고 열심히 노력해서 나중에 꼭 우리 사회의 든든한 버팀목이 되어 주세요.

7장

죄와 벌,
형법의
세계

30 빌린 돈을 갚지 못하면 감옥에 가나?

대학에 다니는 누나와 TV를 보는데 주인공이 빌린 돈을 갚지 못해서 쩔쩔매는 모습을 보고 제가 "어우, 저러다 감옥 가는 거 아냐?"라고 했더니 누나가 "그건 형법에 관련된 문제고 이건 민법에 관련된 문제니까 감옥 갈 일은 없어"라고 하더라고요. 무슨 말인지 이해가 안 가 다시 물었더니 입 다물고 드라마나 보라고 해서 제대로 답을 못 들었어요. 누나가 한 말이 무슨 뜻이죠?

사실 이 얘기는 2장에서 약간 언급을 했던 문제인데 좀 더 자세하게 설명해 줄게요. 돈을 빌리고 빌려주는 일은 기본적으로 개인 간에 이루어지는 일이기 때문에 민법에 관련된 문제입니다. 이렇게 개인 간의 관계에서 상대방에게 피해를 주는 행위를 '불법 행위'라고 하고 법원에서는 양측의 주장을 살펴본 후 불법 행위가 인정된다면 '손해 배상'을 해 주라고 판결을 내리게 되죠. '민법 – 불법 행위 – 손해 배상' 이렇게 연결해서 기억해 놓으면 돼요.

그런데 만약 애초에 돈을 갚을 생각도 없었으면서 다른 사람을 속여서 돈을 빌렸다면 이건 '사기'라고 할 수 있는데, 사기는 단순히 두 사람의 관계에서 끝나는 문제가 아니라 사회의 질서를 어지럽히는 '범죄'라고 할 수 있죠. 이 경우 국가가 개입하게 되는데 이렇게 되면 국가와 개인 간의 문제로 전환되기 때문에 공법 영역인 형법의 문제가 돼요. 국가를 대신해서 검사가 공소를 제기하면 형사 재판이 열리게 되고 여기서 범죄를 저지른 것으로 인정될 경우 '형벌'을 가하게 되죠. 즉 '형법 – 범죄 – 형벌' 이렇게 정리할 수 있겠네요.

그러니까 우리는 흔히 법을 어기면 죄를 지었어, 벌을 받아야 돼, 이렇게 말하지만 엄밀하게 이야기하자면 죄와 벌은 모두 형법에 관계된 문제만을 가리키는 거랍니다. 그래서 여러분은 어떤 법적 문제에 부딪치게 되면 가장 먼저 이게 민법상의 문제인지 혹은 형법상의 문제인지를 구분해서 그에 맞게 대처해야 합니다. 물론 하나의 문제가 민법과 형법에 동시에 관련되는 경우도 있고요.

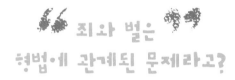

죄와 벌은
형법에 관계된 문제라고?

형법은 거대한 힘을 가지고 있는 국가가 개인에 대해 형벌권을 행사하는 것이기 때문에 신중에 또 신중을 기할 필요가 있어요. 민사상 손해 배상은 상대방의 손해에 해당하는 금액을 지불하면 그것으로 마무리되지만 형벌은 유죄 판결을 받으면 '전과자'가 되기 때문에 지속적으로 불이익을 받을 수 있어요. 게다가 징역과 같은 신체의 자유를 구속당하는 형벌은 평생 기억에 남을 끔찍한 일인 데다가 심지어 생명을 빼앗는 사형까지도 가능하기 때문에 개인의 삶에 미치는 영향이 훨씬 더 크다고 할 수 있죠.

그래서 최대한 형벌권의 행사를 조심해서 해야 한다는 의미로 '열 명의 도둑을 놓치더라도 한 명의 억울한 사람을 만들어선 안 된다'라고 말하기도 해요.

31

한 명의 억울한 사람이 생겨도 열 명의 도둑을 잡자고?

'열 명의 도둑을 놓치더라도 한 명의 억울한 사람을 만들어선 안 된다'라고요? 저는 그 말이 틀린 것 같아요. 얼핏 들으면 맞는 말 같지만 뒤집어 얘기해서 억울한 사람 한 명을 구하자고 열 명의 도둑을 놓아 준다면 그 열 명에게 피해를 받는 사람들이 열 명, 스무 명도 넘을 거 아니에요. 안 그래도 영화나 드라마를 보면 악당들이 나쁜 변호사의 도움을 받아 쉽게 풀려나고 오히려 고생한 경찰관이나 검사만 수사 과정에 문제가 있었네 하고 트집 잡혀서 괴롭힘을 당하는 게 마음에 안 들더라고요.

• •

좋은 질문이에요. 사실 이 문제는 인류가 법과 함께 살아가면서 끊임없이 제기되는 딜레마와 같은 거죠. 아주 오래전부터 법의 기본적인 역할은 법을 어기는 사람들을 처벌해서 질서를 지키는 것이었기 때문에 간혹 발생하는 실수나 오류는 인간이 하는 일이니 어쩔 수 없는 것으로 생각했어요. 억울한 사람이 생기더라도 엄격한 법 집행과 처벌을 통한 질서 유지가 더 중요한 문제라고 생각한 시대가 있었죠.

이런 생각에 변화가 온 것은 근대 시민 혁명을 전후로 한 시기부터였어요. 왕의 통치나 신이 부여한 왕과 귀족의 권리가 당연한 것으로 여겨졌던 시대를 지나 모든 시민들이 동등한 자연권을 가지고 있고 이를 바탕으로 계약을 맺어 국가를 형성하게 되었다는 '사회 계약설'이 자리를 잡게 되자 형법의 역할에 대한 생각도 달라지게 된 거예요.

여러분도 한번 생각해 보세요. 만약 여러분에게 '어떤 사회를 만드시겠습니까?'라는 질문지를 누군가 들이밀어요. 형벌에 관련된 부분에 '고문을 하든 어떤 잔인한 형벌을 가하든 최대한 강력한 법 집행으로 사회 질서를 바로잡아야 한다'는 주장과 '혹시 실수로 억울한 사람이 처벌받을 수도 있고 그게 바로 당신일 수도 있으니 최대한 신중하게 법을 적용하고 처벌도 범죄를 억제하기 위한 최소한의 수준으로 해야 한다'라는 주장이 있다면 어느 쪽에 동그라미를 칠까요? '그게 당신일 수도 있으니'라는 말이 좀 무섭죠?

한 명의 억울한 사람이 나라도 괜찮을까?

특히 오랜 세월 동안 당연한 것으로 여겨졌던 고문은 부작용이 심각했어요. 지금이야 고문이 인권에 어긋나는 잘못된 일이라는 생각이 상식으로 자리 잡고 있지만 근대 이전만 해도 수사 과정에서 고문을 하는 건 당연하다고 생각했거든요. '나쁜 놈을 잡는 게 무엇보다 우선이다'라고 생각하면 어떤 수단이든 동원하는 데 제약이 없었겠죠. 그런데 고문을 당하면 없는 죄도 자백을 할 수밖에 없지 않겠어요? 게다가 나중에 무죄가 밝혀지더라도 고문의 후유증으로 고생하게 되니 일단 수사를 받으면 유죄든 무죄든 돌이킬 수 없는 피해를 받게 되죠.

국가의 힘은 나날이 커지고 있어요. 우리 삶 구석구석에 국가의 영향력이 미치지 않는 곳이 없다고 할 정도예요. 이렇게 거대해지고 있는 국가로부터 개인의 권리를 보장받기 위해서는 형법에서 국가의 형벌권 행사를 최소한으로 제한하고 다양한 인권 보장 절차를 통해 혹시 있을지도 모를 인권 침해를 예방하기 위해 노력해야 한다는 주장이 힘을 얻게 된 거죠.

1764년에 출판된 체사레 베카리아라는 학자의 『범죄와 형벌』이라는 책이 형법의 방향성을 크게 바꾸어 놓는 전환점이 되었어요. 이후 국가의 형벌권을 제한한다는 의미에서 '죄형 법정주의', '무죄 추정의 원칙' 등 지금 전 세계 형법의 기둥이 되는 중요한 원칙들이 만들어지게 되었습니다.

32

게임 아이템을 훔쳐도 처벌받지 않았다고?

아, 학교에서도 '죄형 법정주의'라는 원칙을 배웠어요. 그런데 그게 그렇게 중요한 거였나요? 죄와 형벌은 법에서 정한 바에 따른다, 당연하지 않아요? 법에 어떤 게 죄고 어떤 벌을 줘야 하는지 적혀 있는 건 당연한 것 같은데 그게 뭐가 그렇게 중요한 원칙인지 잘 모르겠어요.

그렇죠? 저도 처음에 죄형 법정주의에 대해서 배울 때 학생과 똑같은 생각을 했어요. 그런데 그건 법치주의가 확립된 요즘의 상식이지 시계를 돌려 왕과 귀족이 다스리던 시기로 돌아가 본다면 어떨까요? 왕의 말이 곧 법이고 귀족이 자기 영지에 살고 있는 평민들의 생사 여탈권을 갖고 있던 시기에는 법에 있든 없든 마음대로 형벌을 내릴 수 있었죠.

평민들은 어떤 행동을 하면 처벌을 받는지 예측이 안 되니 불안했을 거예요. 더구나 그 처벌이 자신들의 의사와는 상관없이 지배자의 판단에 따라 내려졌잖아요. 그러니 영화에서 나오는 것처럼 평민들은 높은 사람들을 길에서 만나면 땅바닥에 바짝 엎드려 벌벌 떨 수밖에 없었겠죠.

'법에 따른다'라는 말에는 두 가지 중요한 의미가 있어요. 하나는 권력을 제한한다는 의미예요. 어떤 행동이 죄인지 아닌지, 또 죄라고 한다면 거기에 어떤 벌을 내릴 것인지가 모두 법에 정해져 있기 때문에 권력을 가진 사람 혹은 국가가 함부로 처벌을 할 수 없는 거죠. 반대로 생각해 보자면 법에서 미리 '이런 행동은 죄다'라고 정해 놓은 행동이 아니라면 처벌을 두려워하지 않아도 된다는 뜻이기도 해요.

예를 들어 설명해 볼게요. 온라인 게임이 처음 시작되던 시절에 다른 사람의 아이템을 훔친 사람들이 있었어요. 물건이 아닌 게임 아이템을 훔치는 문제에 대해서는 도둑질로 처벌하는 법이 없었죠. 때문에 경찰서에 잡혀 왔던 사람들이 모두 풀려난 일도 있었어요.(물론 지금은 관련 법이 만들어져서 처벌을 받습니다.) 그러니 내가 어떤 경우에 벌을 받고 또 받지 않을지 충분히 예상할 수 있어 사람들이 안심하고 살아갈 수 있고 권력이 남용되어 권리를 침해당하는 일도 막을 수 있죠.

> 내가 어떤 경우에
> 벌을 받을지 모른다면
> 얼마나 불안할까?

또 하나 정말 중요한 부분은 그 법을 만드는 사람이 바로 우

게임 아이템 절도 해킹프로그램을 사용하거나 지인의 개인 정보를 알아내어 게임 아이템을 훔치는 경우가 많다. 이러한 문제는 형법상의 절도죄에 적용이 되지 않지만, 정보 통신망 이용 촉진 및 정보 보호 등에 관한 법률 제63조 1항에 의거하여 정상적으로 접근 권한을 갖지 않고 정보 통신망에 접속 및 침입을 하는 경우 3년 이하의 징역 또는 3천만 원 이하의 벌금형에 처할 수 있다.

리 자신이라는 점이에요. 우리가 투표를 통해 국회 의원을 뽑고, 그 국회 의원들이 국민들의 의사를 반영해서 법을 만들고, 그 법에 의해서 처벌이 이루어지는 것이잖아요. 결국 우리를 처벌하는 국가의 힘은 우리 자신으로부터 나온다고 할 수 있어요. '대한민국의 주권은 국민에게 있고 모든 권력은 국민으로부터 나온다'라는 우리 헌법 제1조의 국민 주권 정신에 바로 민주주의의 기본 원칙이 투영되어 있는 것이죠.

따라서 만약 어떤 행동을 범죄로 보고 처벌하는 게 부당하다고 생각하거나 처벌이 과하다, 혹은 약하다라고 느끼는 사람들이 많다면 의견을 모아 법을 바꿀 수 있어요.

이렇게 본다면 '죄형 법정주의'는 죄를 판단하고 벌을 내리는 권력을 소수의 지배자로부터 다수의 국민에게로 가져오는 아주 중요한 원칙이라고 할 수 있죠. 그래서 근대 형법의 가장 중요한 원칙 중 하나로 인정받고 있어요.

33

범죄자의 얼굴을 가리는 이유는?

K모씨 검거

뉴스를 보면 법이 너무 가해자를 편들어 주는 것 같다는 느낌이 들 때가 많아요. 나쁜 짓을 저지른 범죄자인데도 얼굴을 마스크나 모자로 가려서 누군지 알아보지도 못하게 하죠. 또 경찰이 조사를 할 때 '묵비권을 행사하겠습니다' 하면서 입을 딱 다물어 버리면 그걸로 끝이더라고요. 고문이 폐지된 건 잘된 일이지만 이렇게 물어보는 것조차 못하면 제대로 수사를 할 수 없을 것 같은데요?

앞에서 '죄형 법정주의'에 대해 배웠죠? 어떤 행동이 죄가 되는지, 그렇다면 어떤 벌을 받아야 하는지는 법에 따라 정해진다는 형법의 핵심적인 원칙이죠. 그럼 '정하는' 일은 어디서 할까요? 맞아요, 법을 적용하는 일을 하는 사법부, 그러니까 법원에서 재판을 통해 결정되죠. 이 말을 뒤집으면 어떤 뜻이 되느냐면 재판을 통해 최종적으로 유죄 판결이 나기 전까지는 그 사람에게 죄가 있다고 볼 수 없다는 거예요. 따라서 일반인과 똑같이 무죄라고 생각하고 권리를 보장해 줘야 한다는 거죠. 이걸 '무죄 추정의 원칙'이라고 해요.

형사 절차를 조금 간략히 설명하자면 먼저 범죄가 발생하고 이를 경찰이나 검찰이 조사하고 증거나 목격자들을 확인하며 범죄를 저지른 것으로 의심되는 피의자들을 체포하는 수사 단계가 있어요. 수사 결과 증거가 충분해서 기소를 하게 되면 법원에서 범죄 여부를 따지는 재판 단계가 있죠. 재판에서 유죄 판결이 나오고 형이 정해지면 실제로 벌금이든 징역이든 형을 집행하는 단계가 이어지게 돼요.

'무죄 추정의 원칙'에 따르자면 이 중 수사 단계, 재판 단계가 마무리될 때까지는 범죄를 저지른 것으로 의심된다 해도 원칙적으로 무죄로 봐야 하는 거죠. 학생이 질문한 마스크나 모자로 얼굴을 가리는 단계가 대개 경찰에서 피의자를 체포한 수사 단계, 혹은 한창 재판이 진행되고 있는 재판 단계인 경우가 많아요. 따라서 어떤 사람의 신상이 그대로 노출된다면 무죄 추정의 원칙에도 어긋나고 인권 침해의 여지가 크기 때문에 가능한 한 비밀을 보호해 주려는 거죠. 가끔 언론에서 김 모 씨, 이 모 씨, K 모 군 이런 식으로 보도하는 것도 같은 이유에서예요.

묵비권도 역시 무죄 추정의 원칙에서 파생된 권리예요. 만약 A가 B에게 돈을 빌렸는데 A가 돈을 안 갚는다고 B가 민사 소송을 제기한 경우를 생각해 봐요. B가 '너 내 돈 빌려 가 놓고 왜 안 갚아? 내 돈 빌린 거 맞잖아?'라고 계속 주장하는데 A가 그저 싱글싱글 웃으며 아무 말도 하지 않고 가만히 있다면 상식적으로 볼 때 판사가 어떻게 판단할까요? 당연히 B의 말이 맞고 A는 할 말이 없으니 가만히 있다고 생각해서 B의 주장을 받아들이겠죠? 민사 소송이라면 혹은 상식적인 생활 관계라면 이게 당연한 원칙이에요. 각자 돈을 빌렸다, 혹은 빌리지 않았다라는 자신의 주장을 입증할 책임이 똑같이 50%씩 있는 거니까 자신의 주장을 말하지 않는다면 주장할 내용이 없는 것으로 보아 책임이 있다고 판단하는 거죠.

하지만 근대 형법의 형사 절차는 앞서 말한 것처럼 국가의 강력한 형벌권을 제한해서 사람들의 권리를 보호하기 위한 목적으로 설계되었고 그 결과 죄형 법정주의, 무죄 추정의 원칙을 바탕으로 만들어졌어요. 때문에 피고인은 원칙적으로 무죄라고 여겨지고 검사가 피고인의 유죄를 증명할 책임을 모두 지게 되죠.

다시 말해 피고인이 아무런 말도 하지 않고 가만히 있으면 상식적으로는 '아, 주장을 다 인정하고 받아들이는 거구나'라고 생각하지만 형사 절차에서만큼은 '아무것도 인정하거나 증명되지 않았으므로 여전히 피고인은 무죄인 상태'로 여겨지는 겁니다. 이걸 '아무 말도 하지 않아도 되는 권리'라는 의미로 '묵비권'이라고 해요. 심지어 묵비권을 행사하겠다고 선언하면 거듭 질문하는 것 역시 진술 강요로 여겨질 수 있어서 질문 자체를 못 하게 할 수도 있어요.

그러니 수사를 해야 하는 경찰이나 검찰의 입장에서는 대단히 난감한 상황이 될 수 있죠. 근대 이전에는 '증거의 왕은 자백'이라고 할 만큼 피의자의 자백을 통해 사건을 해결하는 경우가 많았

피고인 공식적으로 수사가 시작되기 이전인 내사 단계에서 조사의 대상이 되는 사람들을 '용의자'(의심할 만한 여지가 있는 사람), 수사 단계에서 범죄를 저지른 것으로 의심되는 사람을 '피의자'(의심을 받는 사람)라고 하는데 기소가 되어 재판 단계로 넘어가게 되면 '피고인'(재판을 받는 사람)으로 명칭이 바뀌게 된다. 유죄가 증명되어 감옥에 갇히게 되면 '수형인'이 된다.

는데 피의자가 아예 입을 다물어 버리고 심지어 질문도 못 하는 상황이 되면 범죄를 입증하기가 정말 어려워지잖아요.

하지만 묵비권 덕분에 강압적인 수사가 줄어들고 심리적 압박에 못 이겨 한 자백을 통해 잘못된 수사가 이루어지는 관행이 없어졌어요. 반대로 객관적인 증거를 바탕으로 한 합리적인 수사가 이루어지게 되었다는 점에서 형사 절차에서 인권을 향상시키는 데 큰 역할을 한 것으로 인정받고 있어요. 묵비권은 형법 학자들 사이에서는 '가장 위대한 권리'라는 별명으로 불리기도 하죠.

66 유죄 판결이 나기 전까지는 무죄야 99

참고로 많은 학생들과 일반인들이 오해하고 있는 개념 중에 '구속'도 무죄 추정의 원칙과 밀접한 관련을 맺고 있어요. 흔히 '구속됐다'고 언론에 보도되면 그 사람의 죄가 입증되었다거나 구속 자체가 일종의 처벌이라고 오해하는 사람들이 많아요. 앞에서 설명한 간략한 형사 절차 가운데 구속은 어떤 단계에 속할까요? 맞아요, '수사 단계'에서 검찰이 요청하는 건데 무죄 추정의 원칙에 따르자면 구속 수사가 원칙일까요, 불구속 수사가 원칙일까요? 재판에서 형이 확정되기까지는 무죄로 보아야 한다고 했으니 당연히 불구속 수사가 원칙이겠죠?

그런데 혹시 그대로 두면 도망을 간다거나 이리저리 돌아다니며 증거를 없애 버리는 등 수사를 방해할 우려가 있을 경우(도주 및 증거 인멸) 수사상의 편의를 위해 잠시 가두어 두는 것이 구속이에요. 하지만 원칙적으로 무죄인 사람을 가두는 것이니 정말 구속이 꼭 필요한 것인지 엄격하게 심사를 해야 할 필요가 있겠죠? 그래서 그 심사는 수사를 하는 검찰이 아닌 법원에서 담당한답니다.

검사가 '이 사람은 도망갈 우려가 있으니 꼭 구속 수사를 해야 합니다'라고 법원의 명령을 요청하면 판사가 엄격하게 심사해서 구속 영장을 내줄지 말지 결정하는 거죠. 구속, 체포, 압수, 수색 등 인권 침해의 여지가 있는 수사 활동들은 모두 법원의 영장을 받아서 시행해야 해요. 이걸 '영장 주의'라고 하죠.

이 내용들을 머리에 담고 영화나 드라마, 혹은 뉴스를 유심히 보면 '아, 지금 사건이 어떤 단계에 있고 이다음에 검사가 어떤 행동을 왜 하겠구나' 하고 예측해 볼 수도 있답니다.

34

살인자는 사형시켜야 한다고?

NO!

YES!

국가의 형벌권을 최대한 제한하는 방식으로 사람들의 인권을 보호하는 게 근대 형법의 기본 정신이라는 점은 이제 잘 알았어요. 하지만 아무리 그래도 다른 사람의 목숨을 빼앗거나 정말 나쁜 짓을 한 사람들은 사형시키는 게 맞지 않나요? 성 범죄자, 연쇄 살인범 같은 끔찍한 범죄를 저지른 사람들이 다시 풀려나서 태연히 돌아다닐지도 모른다고 생각하면 정말 무서워요.

사형 제도 찬반 논쟁은 아주 오래된 사회적 이슈 중 하나예요. 아마 여러분도 학교 사회 시간에 적어도 한 번은 이 논쟁을 다루게 되지 않을까 싶어요. 제 개인적인 생각을 이 자리에서 밝히는 것은 별로 의미가 없을 것 같고 사형 제도 찬반과 관련된 주요한 쟁점들을 정리해 보고 판단은 여러분에게 맡길게요.

먼저 사형 제도에 반대하는 사람들, 사형 제도 폐지를 주장하는 사람들의 가장 큰 근거 중 하나는 재판상 오류의 가능성이에요. 아무리 수사, 재판 절차에서 신중에 신중을 기한다고 해도 사람이 하는 일이니 실수나 오판의 가능성은 늘 있죠. 하지만 극단적인 형벌인 사형을 집행해 버릴 경우 나중에 잘못이 밝혀지더라도 되돌릴 방법이 없잖아요.

중국에서 1994년 한 여성을 살해한 혐의로 체포된 녜수빈 씨는 이듬해 21세 나이로 사형당했어요. 사형 집행 10년 후에 진범이 나타남에 따라 재심을 하게 됐죠. 2016년에 최종 무죄 판결을 받은 이 사건은 중국 전역을 떠들썩하게 만들었어요. 세계적으로 이런 오심 사건의 사례들은 적지 않아요.

또한 사형 제도 자체가 우리 헌법에 위배되는 위헌 사항이라는 지적도 있어요. 우리 헌법 제10조에는 '국가는 개인이 가지는 불가침의 기본적 인권을 확인하고 이를 보장할 의무를 진다'라는 내용이 있고, 또 제37조 2항에는 '국민의 모든 자유와 권리는… 법률로써 제한할 수 있으며, 제한하는 경우에도 자유와 권리의 본질적인 내용을 침해할 수 없다'고 되어 있어요. 둘 다 국가가 국민의 핵심적인 권리는 절대로 침해할 수 없다는 내용을 명시하고 있는데 개인에게 가장 근본적이고 핵심적인 권리인 생명권을 빼앗는 사형 제도는 이 두 조항에 정면으로 위배된다는 것이죠.

❝❝ 내가 억울하게 죽으면? ❞❞

하지만 사형 제도에 찬성하는 사람들의 주장도 만만치 않아요. 가장 강력한 주장은 정의의 실현, 인과응보라는 차원에서 자신이 저지른 잘못에 대해 대가를 치르도록 해야 한다는 것이죠. 한 사람 혹은 심지어 여러 사람의 목숨을 빼앗는 잔인한 범죄를 저지른 사람이 국민의 세금으로 제공되는 잠자리와 음식까지 받으며 편안히 여생을 보내는 게 말이 되느냐는 거죠. 죽은 사람의 고통도 있지만 그런 모습을 지켜봐야 하는 피해자 가족의 고통, 우리 사회 구성원들의 무기력감은 결국 법 자체에 대한 신뢰를 잃게 만들 거라는 주장입니다. 나쁜 짓을 저지르는 사람들은 아무리

나쁜 짓을 저질러도 최소한 사형당할 우려는 없으니 어떤 짓을 저질러도 된다고 생각할 수도 있고요.

게다가 사형 대신 종신형을 살게 될 경우 여기에 들어가는 국민들의 세금이 만만치 않다는 문제도 있어요. 범죄자의 증가로 몸살을 앓고 있는 미국의 경우 2016년 기준으로 수감자가 220만 명이나 되는데 수감자 아홉 명 중 한 명은 종신형이라고 해요. 교도소 운영 비용으로만 연간 약 800억 달러, 우리 돈으로 90조 원 정도를 쓰고 있대요. 이 중 종신형을 받은 수감자들은 나이가 많아서 수감 비용이 더 높아지기 때문에 1인당 1년에 7천만 원에서 8천만 원 정도의 비용이 든다고 해요.

국제 사면 위원회의 2016년 보고서에 따르면 세계적으로 법적인 사형 폐지국은 102개국, 사형제를 유지하고 있지만 집행하지 않아 실질적 사형 폐지국으로 분류되는 나라는 38개국, 사형을 집행하는 사형 존치국은 58개국이라고 해요.

우리나라는 1998년부터 2017년까지 약 20년간 사형 집행을 하지 않아서 국제 사면 위원회에서는 우리나라를 '실질적 사형 폐지 국가'로 분류하고 있어요. 하지만 그건 국제 사면 위원회의 분류일 뿐이고 법적으로는 여전히 사형 제도를 유지하고 있고 사형 선고도 이어지고 있지요. 2016년 기준으로 61명의 사형수가 집행을 기다리고 있는 상황이랍니다. 사형 제도 찬반 논쟁, 여러분은 어느 쪽 의견이 옳다고 생각하나요?

8장

청소년을 위한 재미난 법 상식

35

아르바이트생이 무슨 **계약서**를 쓰냐고

?

근로 계약서

대학교에 다니는 형이 편의점에서 아르바이트를 하는데 점장님에게 계약서 안 쓰냐고 물어보니까 그건 정직원이나 쓰는 거지 아르바이트생은 그냥 법정 최저 시급대로 받으면 된다고 했대요. 저도 아르바이트를 해서 용돈을 벌어 보려고 하는데 원래 아르바이트는 계약서를 안 쓰는 건가요?

일단 개인 간의 계약에서 반드시 계약서를 써야 하는 것은 아니고 말로 하는 계약, 즉 '구두 계약'도 효력은 인정이 돼요. 하지만 그렇게 말로만 계약을 맺을 경우 어떤 내용인지 나중에 확인하기가 힘들어서 법적인 분쟁이 발생할 경우 해결이 어려워지죠. 특히 근로 계약에 관해서는 서로 미리 확인하고 약속할 사항들이 많아요.

예를 들어 월급으로 받을 것인지 시급으로 받을 것인지, 몇 시간 일할 것인지, 어느 시간대에 일할 것인지, 어떤 종류의 일을 할 것인지, 어느 장소에서 일할 것인지, 휴일은 얼마를 보장할 것인지 등 꼼꼼히 따져 보지 않으면 나중에 곤란한 상황에 처하게 될 내용들이 많죠. 카페 아르바이트라고 해서 커피를 서빙하는 일인 줄 알았더니 주방에서 하루 종일 설거지만 시켜서 며칠 만에 그만두었다는 이야기는 흔히 들을 수 있는 사례입니다.

근로 계약과 관련해서는 워낙 분쟁이 많이 발생하다 보니 근로 기준법에서 근로 계약서를 반드시 작성해야 하고 작성하지 않을 때에는 업주에게 500만 원 이하의 벌금이나 과태료를 부과할 수 있도록 하고 있어요. 계약서에는 임금, 소정 근로 시간, 휴일, 연차 유급 휴가, 그 밖의 근로 조건들을 명시해야 하죠.

아, 그리고 하나 더, 만 15세에서 만 17세까지는 법정 대리인의 동의서가, 만 13세에서 만 14세까지는 여기에 고용 노동부 장관의 취직 인허증이 추가로 꼭 필요해요. 그러니 부모님 몰래 아르바이트를 하려고 하지 말고 부모님께 동의서를 받아 아르바이트할 가게에 제출해야 한다는 점을 잊지 마세요.

끝까지 자신의 권리를 포기하지 말자

사실 아르바이트와 관련해서는 이 밖에도 다양한 문제들이 발생해요. 일하다가 중간에 그만두면 돈을 못 주겠다고 하는 경우도 있고, 돈 대신 물건으로 가져가라고 하는 황당한 경우도 있어요. 최저 임금도 안 되는 적은 돈을 주거나 심지어 일을 다 마쳤는

만 나이 만 나이는 자신의 생일이 지났는지를 기준으로 나이를 계산한다. 예를 들어 2017년을 기준으로 2000년에 태어난 사람이라면 일반적으로 그냥 뺄셈을 해서 17세라고 말하는 경우가 많지만 좀 더 엄격하게 나이를 따지기 위해 2000년 5월 1일 생이라면 2017년 4월 30일까지는 16세, 5월 1일부터 17세로 보는 방식이다. '현재 년도 − 태어난 년도'를 한 후 생일이 지났으면 그대로, 생일이 안 지났으면 다시 −1을 하면 된다. 법에서는 원칙적으로 만 나이를 기준으로 나이를 따진다.

데도 차일피일 미루며 돈을 주지 않아서 정당한 노동의 대가를 못 받는 경우도 있죠.

이 자리에서 이 모든 사안들을 하나하나 설명할 수는 없지만 자신 있게 말할 수 있는 것은 우리 법에서는 근로자, 특히 보호가 필요한 청소년들을 위해 여러 가지 제도적 방안들을 마련해 두고 있다는 점이에요 그러니 쉽게 포기하지 말고 자신의 권리를 찾을 방법들을 적극적으로 알아보고 활용하면 된답니다.

노동 문제의 경우 고용 노동부의 사이트나 각 지역 노동청에 문의하면 상세한 상담과 직접적인 도움을 받을 수 있어요. 특히 청소년 노동 문제에 관해서는 고용 노동부와 한국 공인 노무사회가 협력해서 만든 '청소년 근로 권익 센터'라는 단체에서 전문적인 상담과 지원을 제공해요.

사실 노동 문제뿐 아니라 우리가 일상생활에서 부딪치는 많은 법적인 문제들이 어렵고 복잡하니 그냥 손해를 볼 수밖에 없다고들 생각해요. 그래도 지레 포기하지 않고 법률과 제도를 통해 도움을 받으려고 길을 알아보면 의외로 쉽게 방법을 찾을 수 있답니다. 우리나라의 인터넷 시스템이나 지원 제도들은 다른 나라에 비교해 보아도 손꼽힐 만큼 잘 만들어져 있어요. 여러분이 적극적인 태도로 법에 관심을 갖고 스스로의 권리를 소중히 여기고 지키려 노력하길 바라요.

36

침만 뱉어도 학교 폭력이 된다고?

'권리 찾기'라고 하시니까 요즘 학교에서 애들이 무슨 일만 있으면 '학교 폭력'이라고 해서 좀 짜증이 나요. 며칠 전에는 장난삼아 친구의 뒤통수를 살짝 쳤는데 얘가 학교 폭력이라고 막 뭐라고 하더라고요. 장난이고 뭐 별로 아프지도 않았을 텐데 무슨 소리냐고 했더니 침만 뱉어도 학교 폭력이라고 우기더라고요. 침이 지저분하긴 하지만 그거 맞았다고 아픈 것도 아닌데, 얘가 괜히 과장해서 얘기하는 거 맞죠?

'폭력'이라는 말이 물리적으로 때려서 상처를 입힌다는 의미로 사용되는 경우가 많다 보니 가벼운 장난은 폭력이라고 할 수 없는 것 아닌가 생각하는 모양이로군요. 상식적으로는 질문한 학생의 말이 맞을 수 있는데 학교 폭력의 경우는 폭력을 훨씬 더 넓게, 엄격하게 규정해요. 왜냐하면 좁은 공간에서 많은 학생들이 함께 긴 시간을 보내며 생활하는 학교의 특성상, 그리고 사회적으로 매우 취약한 처지에 있는 청소년들의 위치를 고려했을 때 물리적인 폭력 이외에도 다양한 이유로 정신적, 심리적인 상처를 받을 수 있거든요.

예를 들어 집단 따돌림 같은 경우는 전혀 어떤 물리적 접촉을 하지 않고도 피해 학생에게 커다란 상처를 줄 수 있는 폭력이기 때문에 학교 폭력의 범위를 넓게 볼 수밖에 없는 거예요. 그럼 어떤 것이 폭력이라고 할 수 있을까요? 간단하게 말하자면 피해자의 입장에서 '폭력'이라고 느껴지는 것이라면 일단 학교 폭력으로 인정될 가능성이 있다고 볼 수 있어요. 정말 넓은 개념이죠. 별명을 부르거나 손가락질을 하는 것조차 받아들이는 사람 입장에서 폭력이라고 느낀다면 다 폭력이 될 수 있다는 것이니까요.

심지어 반복적으로 윙크를 하는 것도 폭력이 될 수 있다는 견해도 있어요. 물론 어쩌다 한두 번 장난하는 것으로 그 즉시 학교 폭력으로 처벌을 받는 것은 아니겠지만, 적어도 피해자가 싫어하고 그만두길 원한다면 이미 폭력으로 인지하고 있다는 뜻이므로 그런 행동을 반복해서는 안 되겠죠.

학교 폭력, 정신적 고통이 너무 심해…

학교 폭력 예방 및 대책에 관한 법률에서는 학교 폭력을 '학교 내외에서 학생을 대상으로 발생한 상해, 폭행, 감금, 협박, 약취·유인, 명예 훼손·모욕, 공갈, 강요·강제적인 심부름 및 성폭력, 따돌림, 사이버 따돌림, 정보 통신망을 이용한 음란·폭력 정보 등에 의하여 신체·정신 또는 재산상의 피해를 수반하는 행위'라고 정의하고 있어요. 뭐가 이렇게 길고 말이 어려운가 싶겠지만 내용 중 명예 훼손, 모욕, 강요, 그리고 정신상의 피해 등을 모두 폭력으로 인정하고 있기 때문에 결국 앞에서 설명한 것처럼 피해자가 느끼는 바에 따라 일상적으로 보이는 행동도 폭력이 될 수 있다는 점을 기억해 두세요.

질문했던 '침 뱉기'의 경우는 매우 전형적인 학교 폭력이에요. 당하는 피해 학생의 입장에서는 심각한 모욕감과 정신적 고통을 당할 수 있는 문제인데, 가해 학생 입장에서는 별것 아니라고 생각해서 쉽게 저지르는 행동이기도 하죠. 2015년 8월 경북 안동의 모 고등학교에서 투신자살한 학생의 경우 급우들의 면박 주기, 집단 따돌림 등이 원인으로 밝혀졌는데 이 사건에서 직접적으로 밝혀진 학교 폭력 행위가 피해 학생에게 침 뱉기였어요.

원래 가해를 하는 입장에서는 별것 아니라고 생각하고 하는 행동이라도 피해를 당하는 입장에서는 엄청나게 크게 다가올 수 있기 때문에 항상 상대방의 입장에서 생각하고 조심하는 태도가 필요해요. 학교 폭력의 경우 특히 우리 청소년들이 각별히 주의하고 친구들이 혹시 고통을 받고 있지 않나 살펴야 할 문제랍니다. 본인은 장난이라고 했지만 친구가 싫다고 했으니 다시는 뒤통수를 때리지 마세요. 알겠죠?

37

카톡방에서 뒷담화 하는 것도 문제가 될까?

말씀을 듣고 보니까 제가 정말 큰 실수를 할 뻔했구나 깨닫게 되네요. 하지만 제가 좀 삐딱한 건지 그래도 마음 한구석에서는 이렇게 엄격하게 하면 친구들하고 제대로 얘기도 못하겠다 싶어서 억울한 마음도 있어요. 예를 들어 카톡방에서 한 명을 억지로 카톡방에 불러다 놓고 욕하는 건 문제겠지만 그냥 친구들끼리 다른 애들 뒷담화하고 그러는 건 당연한 거 아니에요? 어른들도 회사에서 직원들끼리 있으면 사장님 흉도 보고 직장 상사 욕도 하고 그러잖아요. 우리끼리 잡담하다가 다른 애들 흉보는 것도 학교 폭력인가요?

이 부분 역시 앞서 이야기했던 학교 폭력과 비슷하게 법에서 조금 특수하게 다루어지는 영역이에요. 많은 학생들이 온라인상에서 욕을 하거나 나쁜 내용으로 댓글을 다는 것이 그리 심각한 문제가 아니라고 생각하는 것 같아요. 오프라인에서 직접 얼굴을 맞대고 욕을 하는 것보다 약한 행위이고 키보드로 글을 써서 올리는 게 아주 쉽게 할 수 있는 행동이기 때문에 그렇게 생각하는 모양이죠. 법에서는 온라인상에서의 이런 행동들이 아주 빠른 시간에 많은 사람들에게 쉽게 전달될 수 있는 '전파성'이 강하기 때문에 훨씬 책임이 무거운 것으로 보고 있어요.

반 친구들끼리 음악 시디를 돌려 가면서 들으면 한두 달은 지나야 모든 친구들이 그 음악을 공유하게 되지만, 그 시디에서 추출한 mp3 파일을 블로그에 올리면 금세 수백, 수천 명의 사람들이 파일을 다운로드받게 되는 것을 생각해 보면 될 거예요. 게다가 온라인에서 내가 한 행동은 어떤 방식으로든 기록이 남게 되고 얼마든지 추적이 가능하다는 점도 무서운 부분이죠. 따라서 온라인상에서는 오히려 일상생활보다 더욱 조심해서 타인에게 피해를 입히지 않도록 주의할 필요가 있어요.

66 사이버 따돌림, 정말 심각한 문제이다

친구들의 흉을 보는 경우도 마찬가지예요. 내 블로그에 글을 써 놓으면 그냥 나만 보려고 한 거라고 생각할지 모르겠지만 인터넷에 접속하는 사람들이 모두 볼 수 있으니 법적으로 보자면 사람들이 잔뜩 모여 있는 광장에서 다른 사람의 욕을 큰 소리로 한 것이나 마찬가지가 되는 거예요. 당연히 이에 대한 책임도 커지겠죠?

하지만 학생이 질문한 대로 카카오톡이나 페이스북의 폐쇄 그룹에서 다른 사람들은 보지 못하는 상태로 친구들끼리 나눈 대화는 이런 문제가 없지 않느냐고 생각할 수도 있어요. 논리적으로만 보면 그렇겠지만 폐쇄 그룹이라 할지라도 이런 방식을 통해 다른 학생들을 따돌리거나 괴롭히는 경우들이 워낙 많아서 사회적으로 큰 문제가 되고 있다는 점이에요. 또 어떤 학생의 주변에서 그 학생에 관한 욕을 자기들끼리 공유하면서 놀리는 것은 결과적으로 집단 따돌림, 괴롭힘이 되는 것이고요. 최근엔 이런 온라인 매체를 활용한 따돌림을 '사이버 따돌림'이라고 별도로 학교 폭력

법에 규정해서 엄격하게 다루고 있어요.

2014년 7월 서울 행정 법원에서 나왔던 판결에서는 중학생 A가 동급생 B, C에게 욕설이 담긴 문자를 여러 차례 보냈는데 그 학생만 볼 수 있는 문자로 보냈으니 다른 학생들은 그런 욕설을 듣거나 보지 못했으므로 학교 폭력법상의 명예 훼손이나 모욕이 아니라고 주장했어요. 하지만 재판부에서는 명예 훼손이나 모욕이 아니더라도 학생에게 정신적 피해를 주는 모든 행위는 학교 폭력으로 볼 수 있으므로 이 경우도 학교 폭력이 맞는다고 판결했어요.

서울 지역 모 대학에서는 남학생들만 모인 카톡방에서 여학생들에 관한 나쁜 이야기를 주고받다가 큰 문제가 되어 학교에서 징계를 받았어요. 또 학급에서 단체 카톡방을 만들면서 어떤 학생을 일부러 빼놓고 자기들끼리만 이야기를 나누는 것도 사이버 따돌림의 일종으로 볼 수 있습니다.

다시 한번 말하지만 온라인상에서의 행동은 클릭 몇 번, 키보드 몇 번이면 되는 일이다 보니 훨씬 쉽게 이루어지지만 그 책임은 엄청나게 확대될 수 있다는 점을 꼭 기억하세요. 다른 사람에게 혹시라도 피해를 입힐 수 있는 행동은 피하도록 조심해야겠죠?

38

중학생은 다른 사람을 때려도 괜찮다고?

몸이 근질근질한데 잘됐다 ㅋㅋ

가끔 인터넷에서 어차피 내 이름도 안 쓰니까 괜찮겠지 하고 기분 내키는 대로 댓글을 단 적이 있었는데 정말 큰일 날 뻔했구나 하는 생각이 드네요. 그런데 친구가 어차피 중학생은 법적으로 책임을 지지 않으니까 괜찮다고 하더라고요. 설마 그럴 리가 있냐고 했더니 중학생은 사람을 때려도 감옥에 안 가도록 법적으로 되어 있대요. 정말 그런가요? 아니죠?

질문한 학생은 깜짝 놀랄 만한 일인지 모르겠지만 그 친구 말이 절반 정도는 맞아요. 하지만 거기엔 다 이유가 있으니까 조금 차근차근 따져서 생각해 봐요. 앞에서 법적인 문제가 있을 때 민사적 측면과 형사적 측면을 나눠서 생각해 볼 필요가 있다는 얘기를 몇 번 했었죠? 민사는 개인과 개인의 문제로 피해를 입힌 만큼 손해 배상을 하도록 하는 것이고 형사는 사회 질서와 관련된 것으로 범죄에 대해 형벌을 내리는 것, 기억하나요? 위에서 이야기한 '다른 사람을 때려서 감옥에 가는 것'은 형사적 문제라고 할 수 있어요.

그런데 어떤 사람에게 죄를 물으려면 그 사람이 자신이 한 행동에 대해 책임을 질 수 있는 능력, 즉 '책임성'이 있어야 해요. 말이 좀 어려울 것 같은데 쉽게 설명하자면 서너 살쯤 되는 어린아이가 한 행동이나 정신적으로 장애가 있는 사람이 자신이 무슨 일을 하고

미친개가 떴다, 도망가!!!

있는지 제대로 판단도 못한 상태에서 한 행동에 대해 벌을 줄 수는 없잖아요.

그래서 형법에서는 일정한 연령이 지나야 이런 판단 능력이 생긴다고 보고 '형사 책임 연령'의 기준을 정해 두었는데 우리나라의 경우는 만 14세 이상이라야 이런 형사 책임을 물을 수 있도록 했어요. 다만 이 경우에도 청소년들의 경우는 성인들과 달리 고려될 필요가 있기 때문에 만 14세에서 만 19세까지는 소년법의 적용을 받게 됩니다.

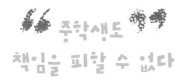

중학생도 책임을 피할 수 없다

만 14세면 대략 중학교 2학년 즈음이라서 친구가 '중학생은 감옥에 안 간다'라는 얘기를 한 것 같아요. 하지만 앞서 말했듯이 이 말은 절반만 맞는 말이에요. 일단 중학생이라도 만 14세 이상이라면 형사적 책임을 질 수 있고, 만 10세에서 만 13세까지는 법

소년법 죄를 저지른 소년에 대하여 적용하는 법이다. 보호 처분을 원칙으로 하고, 형사 처분을 하여야 할 경우에도 여러 가지 특별한 규칙을 적용하여 건전하게 자랄 수 있도록 한다. 소년원은 가정 법원 소년부나 지방 법원 소년부에서 보호 처분을 받은 소년을 수용하여 교정 교육을 하는 시설이다. 실형이 확정된 소년범의 형을 집행하는 소년 교도소와는 다르다. 수용 경력도 전과(前科)로 남지 않는다.

을 어긴 '촉법소년'이라고 해서 감옥에는 안 가더라도 보호 관찰이나 소년원 수용 등의 제재를 받을 수 있어요. 이와는 별도로 학교에서 징계도 받을 수 있고 또 민사적인 책임은 본인 또는 보호자가 지도록 되어 있기 때문에 손해 배상 책임은 여전히 남게 되죠.

　따라서 '중학생은 얼마든지 나쁜 짓을 해도 된다'는 식으로 생각하는 것은 매우 무책임하고 위험한 태도라고 할 수 있어요. 사리 분별의 능력이 부족한 청소년들을 배려하고 보호하기 위해 둔 제도일 뿐이고, 그렇다 하더라도 타인에게 피해를 입히거나 고통을 주는 행동에 대해서는 결국 어떤 식으로든 책임을 피할 수 없다는 점을 기억해 주었으면 해요.

39

몇 살부터 취업을 할 수 있을까?

이력서

이름: ○○○
나이: 3개월

???

어휴, 교수님 말씀을 들으니까 머릿속이 더 복잡해져 버렸어요. 그럼 법적으로 나이에 따라 할 수 있는 일, 할 수 없는 일들이 시시콜콜하게 다 정해져 있다는 건가요? 혹시 그런 거 잘 모르고 실수하게 될까 봐 겁이 나기도 해요. 좀 깔끔하게 정리해서 알려 주시면 안 될까요?

위나 많은 내용들이 관련되어 있어서 다 정리하기는 어렵겠지만 청소년의 법적 권리를 중심으로 한번 이야기해 볼게요. 모두 만 나이 기준입니다.

우선 10세부터 13세까지는 촉법소년 연령으로 법을 어길 경우 보호 처분을 받을 수 있습니다. 14세부터는 앞서 말한 대로 형사 책임 연령에 해당하게 되고요.

취업의 경우 18세 이상은 스스로의 의사에 따라 취업이 가능하지만 15세에서 17세까지는 법정 대리인의 동의서가, 13세에서 14세의 경우는 여기에 고용 노동부 장관의 취직 인허증이 추가로 필요해요. 13세 미만의 경우는 원칙적으로 취업을 할 수 없어요. '어, 그럼 아역 배우나 신동 가수라고 TV에 나오는 아이들은 어떻게 되는 거지?' 하고 의문이 들 수 있는데 13세 미만이더라도 예술 공연의 경우는 예외적으로 고용 노동부 장관의 취직 인허증을 받아서 참가할 수 있습니다.

16세부터는 오토바이 면허를 딸 수 있어요. 오토바이는 사고가 나면 크게 다칠 수 있으니 조심해야겠죠.

17세에는 주민 등록증이 발급됩니다. 자신의 사진이 들어가 있는 주민 등록증을 받으면 왠지 뿌듯한 기분을 느낄 수 있을 거예요. 그리고 이때부터 법적으로 효력이 있는 유언이 가능해져요.

18세를 기준으로 많은 것이 바뀌어요. 18세 이상이 되면 운전면허를 딸 수 있고 법정 대리인의 동의 없이 취업도 가능해지고 청소년 관람 불가 영화도 볼 수 있고(하지만 재학 중인 고등학생은 제외된답니다) 군대 입영도 가능해지고 9급 공무원 시험도 볼 수 있습니다.

19세부터는 민법상 성년이 됩니다. 대통령 선거, 국회 의원 선거에 참여할 수 있고 주민 투표에서도 한 표를 행사할 수 있는 어엿한 우리 사회의 구성원이 되는 거죠.

성인이니까 담배나 술을 구입할 수도 있고 청소년 출입 제한 업소에도 들어갈 수 있는데 청소년 보호법과 관련된 이 부분은 유일하게 만 나이가 아닌 연 나이가 적용돼요. 즉 만 19세가 되는 해의 1월 1일부터, 아직 생일이 지나지 않았더라도 바로 적용이 되는 내용이에요. 업소에서 연령을 날짜별로 일일이 따지는 게 번거롭고 대학에 입학해서 사회적으로는 성인 대접을

나 18살이야!

받는 대학교 신입생들이 불편을 겪는 문제도 있어서 이렇게 예외를 두었어요.

나이에 따라 할 수 있는 일이 달라

청소년 관련 문제는 아니지만 연령 제한을 받는 문제들 가운데 하나로 국회 의원이 되려면 25세가 넘어야 하고 대통령이 되려면 40세가 넘어야 한다는 규정도 있어요.

사실 이런 연령 관련 부분은 개별 법률이 바뀔 때마다 수시로 조정되는 거라서 일일이 외우기보다는 그때그때 확인을 해 보고 사회적으로 이슈가 되는 부분을 챙겨 봐야 해요. 예를 들어 투표 가능 연령의 경우 현행 만 19세 이상에서 만 18세 이상으로 조정하자는 의견을 제시하는 사람들이 늘어나고 있어요. 또 국회 의원이나 대통령의 연령도 능력이 있어서 국민들이 선택하면 그만이지 굳이 나이를 제한할 필요가 있느냐고 주장하는 사람들도 있어요.

여러분 생각은 어떤가요? 위에 정리된 내용들을 보면서 조정이나 추가가 필요한 내용이 뭐가 있을지 한번 생각해 보세요.

40

중학생도 결혼을 할 수 있을까?

연령 이야기를 하시니까 생각난 건데… 부끄럽지만 저한테 아주 친하게 지내고 있는 여자 친구가 있거든요. 이웃집에 살아서 어려서부터 친한 친구인데 제가 무척 좋아해서 나중에 결혼도… 아, 웃지 마시고 좀 진지하게 들으세요. 그런데 나중에 둘이 같은 대학에 간다는 보장도 없고 또 대학 가면 멋진 사람들도 많으니까 다른 사람을 만나게 될까 봐 조바심도 나서 최대한 빨리 결혼하고 싶다고 혼자 상상을 하곤 해요. 최대한 빨리 결혼을 한다면 몇 살부터 결혼할 수 있나요? 중학생도 결혼할 수 있나요?

하하하… 그렇게 좋은 친구가 있다니 부럽네요. 부끄러워할 건 없고 두 사람 다 서로 의지가 될 테니 좋은 일이라고 생각해요. 나이 얘기를 하기 전에 먼저 알아 두어야 할 건 결혼에서 가장 중요한 것은 두 사람의 의사가 일치되어야 한다는 거예요. 당연한 일이라고 생각하겠지만 나랑 결혼해 주지 않으면 죽어 버리겠다거나 혹은 해코지를 하겠다고 협박해서 처벌을 받는 일도 있고, 도장과 서류를 위조해서 혼인 신고를 했다가 나중에 무효가 되는 경우도 있거든요. 최대한 빨리 결혼하고 싶다는 생각도 학생 혼자만의 상상이라면 안 되고 두 사람의 자유로운 의사가 합치되어서 나온 결론이라야 한다는 점을 먼저 말씀드려요.

앞에서 형사적으로 책임을 질 수 있는 연령을 정해 두었고 그렇게 한 이유가 사리 분별을 제대로 할 수 없을 경우 법적으로 책임을 묻기 어렵기 때문이라고 했죠. 결혼 문제는 기본적으로 민사적 문제이지만 당사자들이 스스로 의사 결정을 할 수 있는 연령인지가 중요한 문제라는 점은 마찬가지예요. 더구나 '혼인은 인륜지대사'라는 말이 있을 정도로 두 사람, 그리고 가족들의 삶에 오래도록 큰 영향을 미치는 일이니 더욱 신중하게 접근할 필요가 있죠.

그래서 원칙적으로는 민법상 독립적으로 법률 행위를 할 수 있는 성인, 그러니까 만 19세 이상인 경우에 본인들의 의사에 따라 자유롭게 결혼을 할 수 있도록 정해 두고 있어요. 하지만 예외적으로 좀 더 일찍 결혼을 하고 싶은 사람들이라면 남녀 양쪽의 법정 대리인, 일반적으로는 부모님의 동의를 받아서 결혼을 할 수 있는데 이 경우에도 만 18세 미만이면 허용되지 않아요. 그러니까 법적으로 결혼을 할 수 있는 최소한의 나이는 남녀 모두 만 18세부터라고 할 수 있겠네요.

만 18세는 되어야 결혼할 수 있다니...

만약 만 18세에 부모님의 동의를 받아 결혼을 했다면 이미 가족을 이루었으나 1년 후 만 19세가 될 때까지는 민법상 성인이 아니라서 독립적인 법률 행위를 할 수 없다는 문제가 발생해요. 이미 어엿한 한 가정으로 독립했는데 여전히 휴대폰 서비스에 가입하거나 가구를 사고 혹은 가게를 열어 물건을 파는 등등의 행위들을 하나하나 부모님께 연락을 드려서 허락을 받아야 하는 문제가 발생한다는 거죠.

　이런 문제를 해결하기 위해 결혼을 한 미성년자의 경우는 법적으로 '성년인 것처럼 대우해 준다'는 '성년의제'가 적용되어 성년처럼 법률 행위를 할 수 있도록 열어 두고 있어요. 법이 마냥 복잡해 보이지만 이렇게 하나하나 따지고 보면 사람들이 부딪칠 수 있는 문제점들을 해결하기 위해 꼼꼼히 제도를 만들어 놓은 것이라는 점이 느껴지죠?

　결혼은 두 사람의 사랑이 바탕이 되어 이루어지는 것이지만 법률적으로 혼인을 하게 되면 아주 많은 것들이 바뀌고 새로운 의무와 책임들이 생겨나게 된답니다. 이런 부분들을 두루 잘 생각하면서 두 사람의 좋은 관계 이어 나가길 바라요. 응원할게요.

에필로그

우리가 법에
관심을 가져야 하는 이유

"그냥 착하게 살면 되는 것 아닌가요? 다른 사람에게 피해를 주지 않고

그저 묵묵히 내가 할 일만 하면서 살아가면 될 것 같은데

굳이 어렵고 복잡한 법에까지 신경 쓰면서 살아가야 하는지 모르겠어요."

사실 이 말이 대부분의 사람들이 마음속에 품고 있는 생각을 가장 잘 드러내 보여 주는 이야기인 것 같아요. 살아가려면 알아야 할 것도 많고 신경 써야 할 일들도 많잖아요. 가족 문제, 친구 문제, 공부, 직업에 관련된 일 등 수없이 많은 일들을 끊임없이 배우고 고민하며 살아가야 하는데, 나쁜 일을 저지를 생각이 전혀 없는 평범한 사람들이 법에까지 신경을 쓰면서 살아야 할 이유가 뭔가 싶지요. 진료는 의사에게, 약은 약사에게, 건물 짓는 일은 건축가에게 맡기는 것처럼 법 전문가들에게 맡겨 두면 되는 일이 아닌가 생각하는 거죠. 20층짜리 아파트 꼭대기에 살면서 이거 제대로 지었으려나, 어떻게 지었는지 알아봐야 하는 거 아닌가, 건축 과정에 우리가 참여하고 개입해야 하지 않을까 걱정하는 일은 없잖아요. 그저 건축가들이, 시공 회사가 어련히 알아서 잘 지었으려니 생각하고 마음 놓고 살면 되는데 왜 법은 법조인도 아닌 일반인들이 굳이 관심을 가져야 하냐는 거죠.

하지만 법의 문제는 그저 전문가들에게 맡겨 두면 되는 다른 영역들과는 조금 다른 특성을 지니고 있어요. 크게 두 가지, 개인과 개인의 관계 그리고 개인과 국가의 관계로 나누어서 설명해 드릴게요.

우선 법은 개인과 개인의 관계에 관한 일반적인 내용이라는 점을 생각해 볼 필요가 있어요. 즉 법은 뭔가 특별한 문제나 분쟁이 생겼을 때만 동원되는 예외적인 기술이 아니고 우리 일상생활 전반에서 사람과 사람 사이의 관계를 규정하고 판단하는 잣대와 같은 역할을 한다는 거죠. 예를 들어 우리가 카페에 들어가서 돈을 내고 커피를 사는 간단한 행위도 민법이라는 잣대로 보자면 법적 행위 주체로서 자연인인 내가 청약(커피 주세요)을 하고 이에 대해 주인이 승낙(네)을 함으로써 채권과 채무 관계가 발생했고, 내가 대가(커피 값)를 지불하고 이에 상응하는 재화(커피)를 받음으로써 거래 관계가 종료된 것으로 해석할 수 있죠. 굳이 이렇게 복잡하게 보는 이유는 이 각각의 과정에서 문제가 발생했을 때 이를 해결할 법적인 규정들을 만들기 위해서예요.

게다가 사회가 복잡해지고 사람들도 늘어나고 상호 작용도 크게 증가하면서 이런 관계들은 엄청나게 늘어날 수밖에 없어서 법이 맡는 역할도 점점 더 커지고 있죠. 그러니 법에 대해 전혀 신경을 쓰지 않고 살아간다면 자신은 좋은 의도로, 최선을 다해 한 행동들이 자기도 모르는 사이에 타인에게 피해를 주거나 법을 위반하는 행위가 될 수 있는 거예요. 따라서 현대 사회를 살아가려면 우리 사회의 기본적인 원칙이자 상식으로서 법에 대한 기본적인 소양을 갖추는 것은 꼭 필요한 일입니다.

더욱 중요한 것은 개인과 국가의 관계, 즉 정치의 차원에서 법은 민주주의의 근간을 이루는 벽돌과 같은 역할을 한다는 점이에요. 민주주의, 즉 국민이 국가의 주인이 되는 일이 실제로 이루어지려면 우리의 삶 구석구석을 구성하는 원칙인 법을 우리 손으로 직접 만들 필요가 있어요. 하지만 현실적으로 시간과 비용의 문제, 그리고 전문성의 한계를 고려해서 우리를 대표할 정치인들인 국회 의원과 대통령 등을 선출해서 우리의 의사를 대신하도록 하고 있죠. 하지만 이들이 국민들의 의사를 충분히 반영하지 못한다는 점 때문에 많은 사람들이 정치에 실망하고 비판하고 있죠.

그런데 이보다 더 큰 문제가 뭔지 아세요? 국회 의원들의 게으름을 탓하기 전에 과연 정치에 반영되길 바라는 우리의 '의견'이 있는가, 그런 의견을 적극적으로 제시하고 요구해 왔는가 하는 점이에요. 우리의 정치적 삶이 법 규범을 뼈대로 구성되어 있다는 점을 생각하면 법에 대한 관심과 참여가, 공동체의 문제에 대한 토론과 합의의 노력이 일상적으로 있어야 할 텐데 대개 우리는 바쁘다는 이유로, 어렵고 복잡하다는 이유로 이런 문제들을 외면하잖아요. 그렇게 되면 정치인들의 입장에서도 어떤 의견을 어떻게 반영해야 할지 판단하기 어려워져서 실제로 사회에 의미 있는 변화가 일어나지 않는 것도 당연하지 않겠어요?

이렇게 보자면 법을 알고, 법에 대해 관심을 갖고, 법의 변화와 발전에 대해 의견을 갖고 참여하는 일은 그 자체로 민주주의의 과정이고 우리 사회가 건강하게 발전해 나가기 위한 핵심적인 과정이라고 할 수 있어요. 그러니 조금 어렵고 복잡하긴 하지만 법을 공부하는 것은 나의 권리를 지키기 위한 수단인 동시에 우리 사회의 구성원인 시민으로서 내가 지니고 있는 의무라고도 할 수 있어요.

우리는 이 책을 통해서 많은 사람들의 이야기를 만나 봤어요. 법을 만드는 사람들, 집행하는 사람들, 잘못된 법을 고치기 위해 싸운 정태춘 선생님 같은 분들, 잘못된 판결로 고통받는 사람을 위해 재심을 청구하고 권리를 찾아주기 위해 부단히 노력했던 변호사들, 일상 속에서 법을 지키고 존중하며 함께 살아가려고 애쓰는 많은 시민들… 우리가 당연하게 여기고 살아가는 삶의 풍경들은 이렇게 수많은 사람들의 노력으로 단단하게 모양을 갖춘 벽돌들이 하나씩 놓이고 쌓여 지금의 모습에 이르게 된 것이라고 할 수 있어요. 비바람에 두려워하지 않고 우리를 안전하게 살아갈 수 있게 만들어 준 '사회'라는 구조물, 그 뼈대가 되는 '법'이라는 기둥은 우리가 끊임없이 보수하고 더 나아지도록 고치고 때로는 더 큰 공간을 품을 수 있도록 확장해 갈 때 비로소 생명력을 유지해 나갈 수 있는 거랍니다.

그래서 '법'이라는 생소하고 어려워 보이는 주제에도 불구하고 이 책을 택해 준 여러분에게 진심으로 감사하다는 말을 전하고 싶어요. 그리고 이제 우리 사회의 미래를 만들어 갈 여러분이 어른들이 만들어 온 세상보다 훨씬 아름답고 빛나는 풍경을 그려 나갈 수 있기를 바랍니다. 여러분이 앞으로 걸어 나갈 긴 여정에서 이 책이 작은 출발점이 될 수 있다면 좋겠네요. 쉽지 않은 책 끝까지 읽어 주어서 정말 감사합니다. 멋진 여행 되세요!

질문하는 사회 03

귀찮아, 법 없이 살면 안 될까?

초판 1쇄 발행 2017년 9월 25일
초판 9쇄 발행 2023년 6월 30일

지은이 곽한영   그린이 신병근
펴낸이 이수미
편집 이해선
북 디자인 신병근
마케팅 김영란

종이 세종페이퍼   인쇄 두성피엔엘   유통 신영북스

펴낸곳 나무를 심는 사람들
출판신고 2013년 1월 7일 제2013-000004호
주소 서울시 용산구 서빙고로 35 103-804
전화 02-3141-2233   팩스 02-3141-2257
이메일 nasimsabooks@naver.com
블로그 blog.naver.com/nasimsabooks

ⓒ 곽한영, 2017
ISBN 979-11-86361-49-8
     979-11-86361-44-3(세트)